Römische Geschichte

für Kinder

BRAINBOOK

Jan Krüßmann

Impressum

BrainBook UG (haftungsbeschränkt)
Am Sportfeld 8
65399 Kiedrich

ISBN:

Taschenbuch: 978-3-96890-127-5
E-Book: 978-3-96890-128-2

Lektorat: Ann-Kristin Brümmer, Antonia Knop

Die Zufriedenheit unserer Leserinnen und Leser hat für uns oberste Priorität.

Sollten Sie Fragen oder Anmerkungen haben, können Sie uns jederzeit unter kontakt@brainbook-verlag.de erreichen. Wir freuen uns auf Ihre Rückmeldung.

brainbook_verlag
www.brainbook-verlag.de
kontakt@brainbook-verlag.de

Inhalt

01

KAPITEL

Zurück in Rom

Fabia schlug die Augen auf. Wie lange hatte sie geschlafen? Sie wusste es nicht. Die ersten Sonnenstrahlen des Morgens drangen durch die Plane des Gespanns, das über die Via Appia rumpelte – die Straße, die den Süden Italiens mit der Hauptstadt der Welt verband: Rom.

Die Familie hatte sich ein paar Tage auf ihrem Landgut in den Albaner Bergen aufgehalten, etwa fünfzehn Meilen (etwa 22,2 Kilometer) südlich der Stadt. Dort war es nicht so unerträglich heiß wie in Rom in diesen Sommermonaten. Aber dafür war es dort unerträglich langweilig. Fabia hatte die Tage damit verbracht, mit ihren Puppen zu spielen und mit ihrer Mutter und den Haussklavinnen zu weben.

Währenddessen war ihr Vater, der Senator Marcus Fabius Vitalis, mit ihrem Bruder Lucius auf die Jagd gegangen. Lucius war gerade elf Jahre alt geworden und somit zwei Jahre älter als Fabia. Es lag aber nicht am Alter, dass er mit auf die Jagd gedurft hatte und Fabia nicht. Es lag daran, dass Fabia ein Mädchen war.

Fabia wäre gerne mit auf die Jagd gegangen, aber ihre Mutter hatte es verboten und sich auch von ihrem Flehen nicht erweichen lassen. »Das ist eine Angelegenheit für Männer«, hatte sie gesagt. Fabia fand das gemein. Lucius und sein Vater hatten eine Hirschkuh erlegt. Lucius erzählte stolz, wie er sie entdeckt und sein Vater sie mit einem gezielten Schuss des Jagdbogens niedergestreckt hatte.

Ein Sklave hatte die Beute daraufhin zum Landgut getragen und für das Abendessen zubereitet. Auch wenn das Fleisch gut geschmeckt hatte, hatte es sie doch ständig daran erinnert, dass sie herumsitzen musste, während ihr Bruder aufregende Dinge erlebte. Lucius' endlose Prahlereien hatten es nicht besser gemacht. Fabia mochte ihren Bruder, aber manchmal war er wirklich unerträglich.

Umso mehr freute sie sich, endlich dem Landleben zu entfliehen und zurück nach Rom zu kommen. Die Stadt war größer, als man es sich vorstellen konnte. Tausende Menschen bevölkerten die breiten Straßen und engen Gassen, mal säumten prächtige Marmorsäulen den Weg, mal dreckige Mietshäuser. Es roch nach exotischen Gewürzen aus fernen Ländern und stank stellenweise nach menschlichem und tierischem Unrat. Fremde Sprachen erklangen ebenso wie das vertraute Latein. Auf den sieben Hügeln der Stadt – Palatin, Quirinal, Viminal, Esquilin, Caelius, Aventin und Kapitol – konnte man alles finden, was das Herz begehrte. Hier war immer etwas los. Fabia schlug die Plane des Wagens zurück und blickte hinaus. Der Wagen passierte gerade das südliche Stadttor Roms, das Fabia als die Porta Capena erkannte. Ihr Blick traf den des wachhabenden Soldaten, der im Schatten der Stadtmauer stand und er nickte ihr grüßend zu. Sie lächelte – endlich wieder zu Hause.

Senator Vitalis' Haus lag am Nordhang des Aventin mit Blick auf den Circus Maximus, die große Wagenrennbahn. Von der Porta Capena aus waren Fabia, ihr Bruder Lucius und ihre Eltern gelaufen, denn Fuhrwerke durften tagsüber nicht in die Stadt.

Als Senator hätte ihr Vater sich und seine Familie auch in einer von Sklaven getragenen Sänfte transportieren lassen können. Doch er war der Meinung, ein kurzer Spaziergang würde allen guttun, insbesondere dem immer noch verschlafen dreinblickenden Lucius.

»Na, noch nicht richtig wach?«, fragte sein Vater ihn lachend und Lucius grummelte etwas Unverständliches. Als die kleine Gruppe das Haus erreichte, öffnete sich prompt die Tür. Die Sklaven des Haushalts hatten sich im Atrium versammelt, um die Familie zurück in Rom zu begrüßen. Es waren insgesamt zehn Sklaven: Tirax, der Türhüter, war ein großer und stämmiger Mann aus den Bergen Thrakiens im Norden. Er beschützte die Familie vor Eindringlingen und den des Nachts umherziehenden Straßenbanden. Neben ihm stand Senator Vitalis' Sekretär, Curio, dann die beiden Mädchen, die sich um die Haare, Schminke und Kleidung von Fabias und Lucius' Mutter kümmerten. Auf sie folgten die vier Haussklavinnen und -sklaven, die für die Familie putzten, wuschen und kochten, und schließlich Galla, das Kindermädchen. Ein Lächeln umspielte ihr Gesicht, als sie Lucius und Fabia sah. »Galla!«, rief Fabia und fiel ihr in die Arme.

»Schön dich wieder zu sehen, meine Kleine«, sagte diese und erwiderte die Umarmung. Galla kannte Lucius und Fabia seit deren Geburt und entsprechend herzlich war ihr Verhältnis zu den beiden.

»Willkommen zu Hause, Herr«, sagte Curio an Senator Vitalis gewandt und verbeugte sich. Der Rest der Sklaven tat es ihm gleich.

»Danke, Curio«, erwiderte dieser und sah sich im Atrium um. »Das Haus ist in tadellosem Zustand, wie immer.«

»Danke, Herr. Wir haben im Triclinium ein Frühstück vorbereitet.«

Das Triclinium war der Essraum, der sich an der hinteren rechten Ecke an das große Atrium anschloss. Das Atrium war der Hauptraum des Hauses. Es hatte ein offenes Dach, von dem Regenwasser in das Impluvium, ein kleines Wasserbecken in der Mitte des Raumes, hinabfließen konnte. Die Wände waren mit Malereien, die Szenen aus der Geschichte und Mythologie zeigten, verziert. Vom Raum mit dem Becken gingen unterschiedliche Zimmer ab. Auf der linken Seite befanden sich die Schlafzimmer der Eltern, auf der rechten Seite die der Kinder, auf der Hinterseite der »Tablinum« genannte Empfangsraum, in dem die Büsten und Totenmasken der Vorfahren aufgestellt waren und wo sich auch der Altar für die

Hausgötter befand. Außerdem schlossen das Triclinium, das Studierzimmer des Vaters und der Durchgang zum dahinter gelegenen Garten, an den sich auch die Küche und die Sklavenunterkünfte anschlossen, an.

Im Triclinium selbst standen drei große Liegen an den drei Wänden, von denen der Raum auch seinen Namen hat: **tri kline** ist Griechisch und bedeutet »drei Liegen«. In der Mitte des Raumes befand sich ein großer Tisch. Die Haussklaven hatten darauf ein üppiges Frühstück angerichtet. Es gab Trauben, Feigen, Milch, Honig, Käse, Eier und frisches, aus Gerste gebackenes Brot, nach dem es im ganzen Haus duftete. Dieser Anblick schien auch Lucius endlich aufzuwecken. Er legte sich mit den anderen zu Tisch und nahm einen großen Bissen von einem Apfel.

Der römische Haushalt

Das Haus eines wohlhabenden Römers in der Stadt wurde **domus** genannt. Die meisten dieser Häuser waren ähnlich aufgebaut: Die Räume umgaben einen zentralen Raum, das Atrium, mit einer Öffnung im Dach, durch die Regenwasser ins Impluvium gelangen konnte. Manchmal schloss sich dahinter ein Garten an. Das Essen wurde im Triclinium im Liegen eingenommen.

Es gab viele Dinge, die auch heute auf dem Tisch landen könnten, aber auch manches, was uns heute sehr exotisch vorkommt. Auf vieles, was heute oft gegessen wird, mussten die Römer aber verzichten, zum Beispiel auf Kartoffeln. Diese waren ursprünglich in Amerika heimisch und kamen erst nach der Entdeckung Amerikas durch Kolumbus mehr als tausend Jahre nach dem Untergang des Römischen Reiches nach Europa. Also: Keine Pommes für Römer!

In einem Haushalt lebten neben den Familienmitgliedern auch die Sklaven und Sklavinnen des Hauses. Sie waren das Eigentum des Hausherrn und hatten keine Rechte. Oft wurde Sklaven aber nach vielen Jahren treuer Dienste die Freiheit geschenkt.

02

KAPITEL

Wie alles begann - die Sage von Romulus und Remus

Der frische Geschmack des Apfels und der köstliche Geruch des frischen Brots vertrieben die letzte Müdigkeit aus Lucius und auch seine Neugierde wurde wach. Er liebte es, neue Dinge zu lernen, und ganz besonders mochte er es, wenn sein Vater ihm Geschichten von mächtigen Göttern, mutigen römischen Helden und furchteinflößenden Barbaren außerhalb der Grenzen des großen römischen Reiches erzählte, das sich von den nebelverhangenen Inseln Britanniens im Norden bis zur glühend heißen Wüste Ägyptens im Süden und vom großen Ozean westlich Hispaniens bis ins reiche Syrien erstreckte, wo es im Osten an das Partherreich grenzte. Meist hatte sein Vater keine Zeit dafür. Er musste seine Klienten empfangen, in den Senat gehen und Briefe studieren. Aber heute erschien Lucius die Situation günstig. Sein Vater lag auf der Liege ihm gegenüber und wirkte ganz und gar entspannt.

»Vater«, fragte Lucius vorsichtig, »kannst du uns eine Geschichte erzählen?«

Sein Vater schaute von dem Brot auf, das er gerade mit Honig beträufelt hatte. Er überlegte kurz. »Also gut«, sagte er. »Ich erzähle euch die Geschichte von der Gründung Roms, wie alles begann.«

Lucius freute sich. Zwar kannte er die Geschichte schon, jedes Kind in Rom kannte sie, aber sie gehörte zu seinen Lieblingsgeschichten und aufmerksam horchte er der ruhigen Stimme seines Vaters.

»Vor fast neunhundert Jahren gab es die Stadt Rom noch nicht. In der Region, in der sie heute liegt, ›Latium‹ genannt, lebten Etrusker und Latiner in kleinen Dörfern und auf Bauernhöfen.

Die größte Stadt zu dieser Zeit war Alba Longa. Sie lag ungefähr dort, wo sich heute unser Landgut befindet, in den Albaner Bergen. Der Legende nach war die Stadt weitere dreihundert Jahre zuvor von Julus, dem Sohn des trojanischen Helden Aeneas, gegründet worden. Dieser war ein Sohn der Göttin Venus und war nach der Eroberung der Stadt Troja durch die Griechen geflohen.

Aber ich schweife ab, das ist eine andere Geschichte. Wie es zu dieser Zeit Sitte war, wurde Alba Longa von Königen regiert, die mit absoluter Macht nach dem Willen der Götter herrschten – oder dies zumindest behaupteten. Einer dieser Könige war Proca, ein weiser Mann, der dreiundzwanzig Jahre lang über Alba Longa geherrscht hatte, bevor er starb und seinem älteren Sohn Numitor die Herrschaft vermachte. Doch Numitor hatte einen eifersüchtigen jüngeren Bruder, Amulius, der selbst König werden wollte. Und so geschah es, dass Amulius sich gegen seinen eigenen Bruder wandte, ihm die Krone entriss und ihn in ein dunkles Verlies sperrte. Doch Amulius hatte Angst, ihm könne die Herrschaft wiederum genommen werden, denn Numitor hatte zwei Kinder. Deshalb ließ er den Sohn auf grausame Weise ermorden. Doch vor dem Mord an der Tochter, Rhea Silvia, schreckte selbst der kaltblütige Tyrann Amulius zurück. Sie selbst war für seine Herrschaft keine Gefahr, durften Frauen doch nicht herrschen. Aber was, wenn sie Kinder bekäme und diese auf Rache sinnen würden? Er musste sich etwas einfallen lassen, um das zu verhindern. Ihr kennt doch sicher den Tempel der Vesta auf dem Forum Romanum, oder?«

Lucius kannte ihn und auch Fabia nickte. In dem kreisrunden Tempel brannte das ewige Feuer der Stadt Rom, das der Göttin Vesta geweiht war. Es durfte niemals ausgehen, denn es hieß, solange das Feuer brannte, würde es Rom gut gehen. Ginge es aber aus, wäre das Roms Untergang. Deshalb waren sechs Frauen, die Priesterinnen der Vesta, man nannte sie auch die Vestalinnen, damit beauftragt, das Feuer zu bewachen und zu nähren. Die Vestalinnen genossen hohes Ansehen in der Bevölkerung, aber sie hatten auch Pflichten.

Lucius' Vater setzte wieder an. »Wie auch heute noch galt für Vestalinnen schon damals, dass sie niemals Kinder bekommen durften. Taten sie das, so wurden sie verurteilt und bei lebendigem Leibe begraben. So kam Amulius auf die Idee, Rhea Silvia zu einer Vestalin zu machen und auf diese Weise sicher auszuschließen, dass sie jemals Nachkommen haben würde. Doch eine Sache hatte Amulius in seinem Plan nicht bedacht. Die Schönheit der Rhea Silvia war so außergewöhnlich, dass sich selbst die Götter ihrer nicht entziehen konnten, und so kam der Kriegsgott Mars eines Tages auf die Erde herab, überraschte Rhea Silvia an einer heiligen Quelle und zeugte mit ihr Zwillinge, die diese Romulus und Remus nannte.«

Lucius fand diese Stelle immer seltsam.

Sein Vater schien seinen Blick zu bemerken. »Das ist nicht ungewöhnlich, Lucius«, sagte er. »Götter haben oft Kinder mit Sterblichen. Viele Mythen berichten davon. Der Gott Jupiter soll es sogar so weit getrieben haben, dass seine göttliche Ehefrau Juno derart eifersüchtig war, dass sie allen seinen Halbgottkindern das Leben schwer machte und nicht selten versuchte, sie umzubringen. Aber der Gott Mars hat keine göttliche Ehefrau und so waren Romulus und Remus zumindest vor göttlicher Rache sicher. Nicht aber vor der menschlichen Rache des Amulius. Als er erfuhr, dass Rhea Silvia ihren Eid gebrochen hatte, tobte er vor Wut. Er ließ Rhea Silvia auspeitschen und hinrichten. Die Neugeborenen zu töten wagte er aber nicht. Stattdessen befahl er, sie in einem Weidenkorb auf dem

Tiber auszusetzen – der sichere Tod für zwei Säuglinge, wie ihr euch sicher vorstellen könnt. Ihr Geschrei muss entsetzlich gewesen sein.«

Quintilla, Lucius' und Fabias Mutter, nickte verständnisvoll und ergriff das Wort: »Sie wären binnen eines Tages gestorben, wäre nicht ein Wunder passiert.«

»Ja, sie standen unter dem Schutz ihres Vaters Mars. Anders ist das, was dann geschah, nicht zu erklären. Ihr Korb wurde in der Gegend des Hügels Palatin angespült, dem Hügel der dem Aventin, wo unser Haus steht, direkt gegenüber liegt. Heute wäre das mitten in der Stadt, beim Forum Boarium, wo der Rindermarkt stattfindet. Damals war es nur ein flacher, bewaldeter Hügel, durch dessen Tal sich der Fluss schlängelte. Eine Wölfin, das heilige Tier des Mars, fand die beiden Jungen und säugte sie an ihrer Brust, sodass sie nicht verhungerten. Wenig später fand sie dann der königliche Hirte Faustulus und nahm sie bei sich auf, ohne zu wissen, dass es sich um die Enkel des Numitor handelte.«

Vitalis stockte und sammelte kurz seine Gedanken. »Wie ihr sicher wisst, wuchsen aus Romulus und Remus zwei starke Jugendliche heran und eines Tages erkannten sie und Faustulus die Wahrheit.

Daraufhin zettelten sie einen Aufstand gegen König Amulius an, setzten ihn vom Thron ab und machten ihren Großvater Numitor wieder zum König. Sie selbst beschlossen, in der Gegend, in der sie gerettet worden waren, eine eigene Stadt zu gründen. Doch schon bald kam es zum Streit zwischen den Brüdern, wer der Stadt den Namen geben dürfe. Deshalb entschieden sie, den Willen der Götter zu befragen. Nach derselben Sitte, wie auch wir es noch heute zu tun pflegen.«

Lucius wusste, wie das vonstattenging. Er hatte es viele Male selbst gesehen. In Rom gab es Priester, die Auguren, die sich nur auf diese jahrhundertealte Kunst spezialisiert hatten: Das Lesen des Vogelflugs. Man glaubte, dass sich der Wille der Götter in der Art, Anzahl und Flugrichtung der Vögel am Himmel offenbarte und die Auguren diese Zeichen erkennen konnten.

»Romulus bezog Position auf dem Palatin, Remus auf dem gegenüberliegenden Aventin. Wer binnen einer Stunde mehr Adler zählte, sollte der Stadt seinen Namen geben. Remus zählte sechs Adler, Romulus hingegen zwölf. Somit war der Wille der Götter klar und Romulus wurde der Gründer der Stadt, die bis heute seinen Namen trägt: Rom. Doch Remus war ein schlechter Verlierer und konnte sich nicht mit seiner Niederlage abfinden.«

Er machte eine kurze Pause, um dem, was er dann sagte, mehr Gewicht zu geben. »Als Romulus die Stadtgrenze durch eine heilige

Furche, das **pomerium**, mit einem Pflug markierte und damit begonnen wurde, eine Mauer zu errichten, sprang Remus über diese noch niedrige Wehranlage und verspotte seinen Bruder. Daraufhin wurde Romulus ungeheuer zornig und mit den Worten ›**Sic deinde, quicumque alius transiliet moenia mea**‹ – ›So soll es jedem ergehen, der über meine Mauern springt‹, schlug er seinen Bruder tot. Auf diese Weise wurde er der erste König von Rom, der Stadt, die nach seinem Namen benannt wurde.«

Vitalis hielt inne und beobachtete das Entsetzen, das in Fabias Gesicht stand. »Er hat seinen eigenen Bruder erschlagen?«, fragte sie entrüstet. Lucius grinste. Scheinbar hatte ihr noch nie jemand diesen Teil der Geschichte erzählt.

Die Miene ihres Vaters war ernst. »Ja, Fabia, das hat er getan. Es ist eine Lektion, die jeder Römer lernen muss. Die Pflicht gegenüber Rom wiegt schwererer als die Pflicht gegenüber Freunden oder sogar der eigenen Familie. Remus hatte Rom verspottet und, indem er das heilige **pomerium** übersprang, auch die Götter. Es musste so geschehen.«

Fabia sah ihn mit offenem Mund an. Lucius erinnerte sich noch gut daran, wie sein Vater ihm die Geschichte zum ersten Mal erklärt hatte, vor etwas mehr als drei Jahren. Er hatte ähnlich reagiert, doch inzwischen verstand er, was sein Vater meinte.

»Genug davon«, unterbrach Quintilla das Schweigen. »Wir wollen nicht mehr von so betrüblichen Dingen sprechen.«

Die Gründung Roms

Die Gründungssage hatte für die Römer große Bedeutung. Sie datierten die Gründung Roms auf den 21. April des Jahres 753 vor Christus. Von diesem Jahr an zählten sie die Jahre seit der Gründung der Stadt. Lucius und Fabia leben im Jahr 126 nach Christus. Die Römer würden sagen: im Jahr 879 seit der Gründung der Stadt [Rom] oder auf Latein im Jahr 879 **ab urbe condita** (AUC). Die Sage um die Gründung Roms ist allerdings nur eine Sage und entspricht wohl nicht den tatsächlichen Ereignissen. Das macht sie aber nicht weniger wichtig: Allein, dass die Römer sich diese Geschichte erzählten und viele daran glaubten, macht sie zu einem wichtigen Teil der römischen Kultur. Die Geschichte enthält auch praktische Botschaften an alle Römer. Zum Beispiel ist der Mord von Romulus an seinem Bruder ein Symbol dafür, dass Verpflichtungen gegenüber Rom wichtiger seien als private Verpflichtungen.

Dass der Gott Mars der Vater der Zwillinge ist und das Wunder, dass sie von einer Wölfin gesäugt werden, sind als Symbole für die besondere Gunst der Götter zu verstehen, in denen die Römer sich sahen.

03

KAPITEL

Spaziergang durch die Hauptstadt der Welt

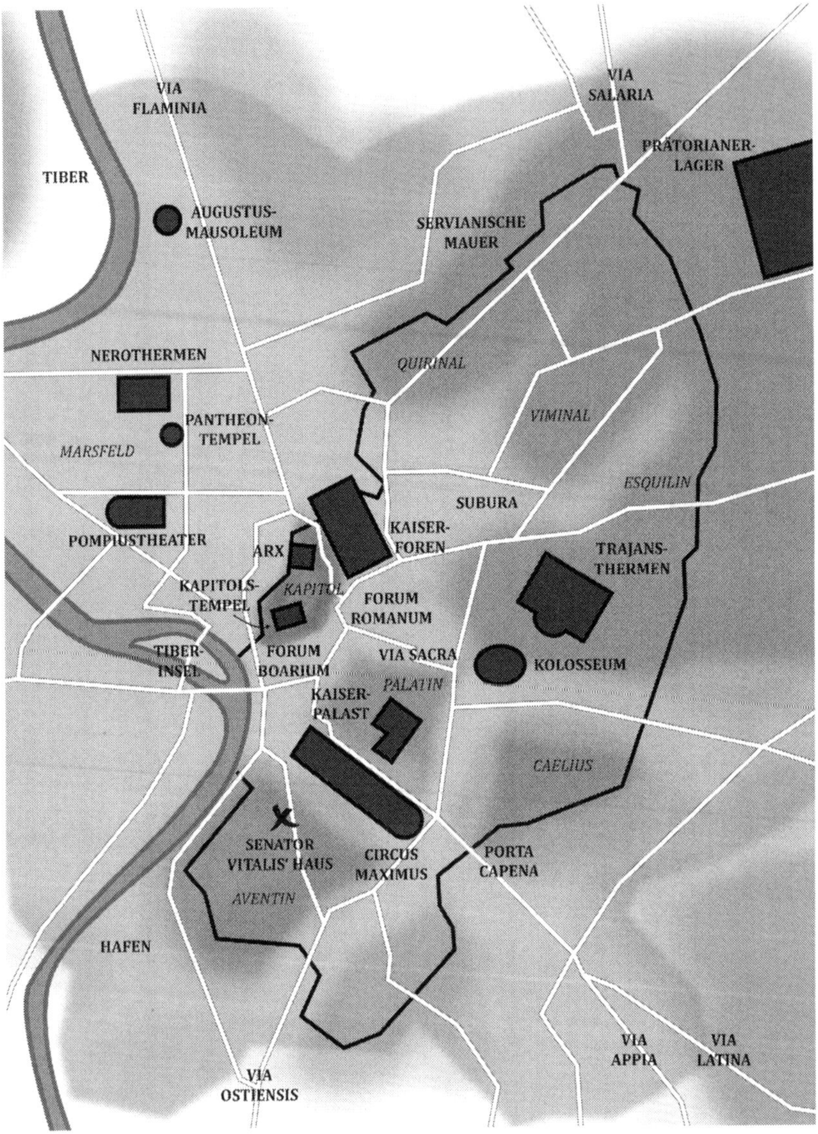
VIA FLAMINIA
VIA SALARIA
TIBER
PRÄTORIANER-LAGER
AUGUSTUS-MAUSOLEUM
SERVIANISCHE MAUER
NEROTHERMEN
QUIRINAL
PANTHEON-TEMPEL
VIMINAL
MARSFELD
ESQUILIN
SUBURA
POMPIUSTHEATER
KAISER-FOREN
ARX
TRAJANS-THERMEN
KAPITOLS-TEMPEL
KAPITOL
FORUM ROMANUM
TIBER-INSEL
FORUM BOARIUM
VIA SACRA
KOLOSSEUM
PALATIN
KAISER-PALAST
CAELIUS
SENATOR VITALIS' HAUS
CIRCUS MAXIMUS
PORTA CAPENA
AVENTIN
HAFEN
VIA APPIA
VIA LATINA
VIA OSTIENSIS

Als die stärkste Mittagshitze vorüber war und die Sonne schon flach über dem Horizont stand, verließen Lucius und Fabia mit Galla das Haus, um auf das Forum hinunterzugehen. Die Gebäude schimmerten gold-glänzend in der Nachmittagssonne und wie jedes Mal, wenn er vom Aventin auf die Stadt hinunterblickte, die sich, so weit das Auge reichte, in die hüglige Landschaft schmiegte, war Lucius tief beeindruckt von ihrer Größe und Pracht.

Er musste wieder an die Geschichte seines Vaters denken, wie die Stadt vor fast neunhundert Jahren gegründet worden war. Damals war sie ein kleines Dorf gewesen, heute war sie die Hauptstadt der Welt.

Lucius wusste, dass die ersten Gebäude der Stadt von Romulus und seinen Mitstreitern auf dem Palatin erbaut worden waren, doch von diesen Gebäuden war heute nichts mehr zu sehen. Der gesamte Palatin war mit einer riesigen Palastanlage überbaut, in der Kaiser Hadrian residierte. Er hatte dieses Amt vor etwa drei Jahren von seinem Adoptivvater Trajan übernommen. Der Palast war riesig und bestand aus vielen ineinander verschachtelten Gebäuden. Unter Lucius, in der Senke zwischen Aventin und Palatin, lag der Circus Maximus, die größte Wagenrennbahn der Welt. Er maß etwa achthundert Schritt in der Länge (etwa 600 Meter) und fast zweihundert in der Breite (etwa 140 Meter). Auf den Marmorrängen konnte fast ein Viertel der Stadtbevölkerung Platz finden. Der Boden des Circus' war mit Sand bedeckt und ein langgezogenes Podest in der

Mitte, die **spina**, teilte die Rennbahn, sodass die Gespanne mehrere Runden im Kreis um sie herumfahren konnten.

Sie gingen an der Kopfseite des Circus vorbei. Hier gab es viele kleine Läden, in denen um diese Tageszeit rege Betriebsamkeit herrschte. Aus Bäckereien wehte der Duft frischen Brotes herüber, Händler boten lautstark frisches Gemüse, Fisch oder Olivenöl an, Handwerker fertigten kleine Kunstgegenstände. Fabias Augen leuchteten. Genau das hatte sie auf dem Land so vermisst. Sie rannte ein kleines Stück vor und betrachtete die Waren eines Kunstschnitzers. Als Galla und Lucius sie eingeholt hatten, hielt sie eine kleine Holzfigur in der Hand. Sie war kunstvoll gefertigt und das matte Pinienholz war sorgfältig glattgeschliffen. Sie zeigte das Bildnis einer eleganten Göttin mit einem Bogen in der Hand und einem Köcher Pfeile auf dem Rücken. Ihre schlanke Gestalt umwehte ein kurzes Gewand. Gerade streckte sie eine Hand über die Schulter,

um nach einem Pfeil zu greifen. Der Kunstschnitzer verstand sein Handwerk, es sah aus, als wäre sie mitten in der Bewegung erstarrt. An ihre Seite schmiegte sich ein Hirsch. Lucius erkannte sie sofort: Diana, die Göttin der Jagd und des Mondes, die Beschützerin von Frauen und Mädchen. Fabia wandte sich aufgeregt an Galla. »Sie ist so schön Galla, sieh mal.«

Galla musterte die Figur und wog sie in der Hand. »Ja Fabia, das ist sie wirklich.«

»Kann ich sie mir kaufen?«, fragte Fabia aufgeregt.

Galla zögerte. Als Sklavin hatte sie selbst kaum Geld, nur das wenige, was sie von ihrem Herrn bekam und er ihr zu behalten gestattete. Fabia hingegen verfügte trotz ihres jungen Alters von neun Jahren über ein beträchtliches Taschengeld.

»Frag ihn, wie viel es kostet«, sagte Galla und Fabia tat, wie ihr geheißen.

»Fünf Denar«, antwortete der Mann hinter dem Tisch. Galla schluckte. Das war eine ganze Menge für eine Sklavin wie sie. Aber Fabia schien das nicht weiter zu stören. Sie zog ihren Geldbeutel aus den Falten ihrer Tunika hervor, schnürte ihn auf und bezahlte den geforderten Preis. Freudestrahlend nahm sie die Figur entgegen, band sie an ein Lederband und hängte sie sich um den Hals.

Die drei setzten ihren Weg fort und als sie um die Biegung an der Ostseite des Palatins herumkamen, öffnete sich ihnen der Blick auf das wahrscheinlich beeindruckendste Gebäude der Stadt: Das flavische Amphitheater. Es hieß so, weil es von den Kaisern aus der Familie der Flavier gebaut worden war. Diese hatten vor etwa fünfzig Jahren die Macht übernommen und sich mit dem Bau dieses großartigen Gebäudes den Rückhalt des Volkes erkaufen wollen – mit Erfolg. Lucius staunte jedes Mal aufs Neue, wenn er das Amphitheater in all seiner Pracht sah. Es war vier Stockwerke hoch, insgesamt fast fünfundsechzig Schritt (etwa 48 Meter). Die ersten drei bestanden aus einer langen Reihe von Rundbögen, wobei die des Erdgeschosses als Ein- und Ausgänge dienten und die der darüberliegenden Geschosse Statuen von berühmten Männern der römischen Geschichte beherbergten. Das vierte und oberste Geschoss war nachträglich aufgesetzt worden und bestand aus einer massiven steinernen Wand mit kleinen eckigen Fenstern. Rund um die obere Kante des Gebäudes waren Holzmasten angebracht, an denen ein riesiges Segel aufgespannt werden konnte, um die fünfzigtausend Zuschauer im Inneren der Arena vor der glühenden Sonne Italiens zu schützen. Lucius wusste, was im Inneren der Arena vor sich ging, doch gesehen hatte er es noch nie.

Sein Vater war der Meinung, dass Fabia und er noch zu jung waren, um sich die blutigen Gladiatorenkämpfe anzusehen. Sein älterer Bruder Marcus, der aktuell seinen Dienst als Militärtribun, also als ein Offizier der Armee, in Germanien ableistete, hatte ihm davon erzählt. Lucius hoffte, dass sein Vater ihn bald mit ins Amphitheater nehmen würde.

»Galla, warst du schon einmal bei den Gladiatorenkämpfen?«, fragte Lucius.

Sie nickte bedacht. »Ja Lucius. Einmal, vor langer Zeit. Es gehört zu den Dingen, die ich an euch Römern nicht verstehen kann. Zwar wurde meine Heimat Gallien schon lange vor meiner Geburt von Julius Caesar erobert und ich kenne sie daher nur als römische Provinz. Ich habe das freie Gallien nie gekannt und habe mehr unter Römern gelebt als unter Galliern. Aber trotzdem kann ich die Begeisterung dafür nicht verstehen. Zum Glück kämpfen heute kaum noch Gallier als Gladiatoren, stattdessen viele Sklaven aus den Randgebieten des Imperiums, wo es Kriege und Aufstände gibt. Germanen, Daker, Thraker, Nubier, manchmal sogar Parther. Trotzdem muss ich immer daran denken, wie viele meiner Landsleute in Arenen wie dieser unter dem Jubel der Menge gestorben sind.«

Schweigend gingen sie weiter, die Triumphstraße Via Sacra entlang, vorbei am Tempel der Venus und durch den Triumphbogen des Kaisers Titus betraten sie das Forum Romanum, den großen Platz im Zentrum der Stadt. Auf dem Forum war es immer voll, egal zu welcher Tageszeit. Es war umgeben von prächtigen Tempeln und den langgezogenen Säulengängen der Basiliken, in denen Händler ihren Geschäften nachgingen und Gerichtsverfahren abgehalten wurden. An der Kopfseite des Forums ragte hinter dem Tempel der Concordia, der Göttin der Eintracht, und dem Tabularium, dem Staatsarchiv, schroff das felsige Kapitol auf, der steilste Hügel Roms. Oben auf dem Kapitol sah man im orangefarbenen Schein der großen Feuerbecken das Hauptheiligtum der Römer: den Jupitertempel. Wie ein mächtiger Beschützer überragte er die Stadt und erinnerte ihre Bewohner an die Macht des Göttervaters, dem er geweiht war. Auf dem Forum selbst standen mehrere kleinere Gebäude wie der kreisrunde Tempel der Vesta, in dem das ewige Feuer der Stadt brannte, oder die mit Schiffsschnäbeln verzierte Rostra, die Rednerbühne, von der der Kaiser und die führenden Mitglieder des Senats zum Volk sprachen. Der Senat, die Versammlung der einflussreichsten adeligen Männer Roms, dem auch Lucius' und Fabias Vater Senator Vitalis angehörte, tagte in der Curia, rechts von Lucius und Fabia. Zur Linken ragten die imposanten Säulen des Saturntempels in den Himmel, in dem neben der Verehrung des ihm geweihten Gottes auch der Staatsschatz verwahrt wurde, viele Truhen voller Gold und Silber. Alles auf diesem Platz war aus weißem Marmor gefertigt und in prächtigen Farben bemalt. Die Erscheinung war überwältigend. Lucius und Fabia waren von frühester Kindheit an die Pracht dieses Zentrums der Macht gewohnt, aber für Galla war es immer wieder aufs Neue ein Wunder. Sie war bereits als Sklavin geboren worden, aber nicht in Rom, sondern im gallischen Lugdunum. Dort gab es auch ein Forum,

doch es war mit der Pracht des Forum Romanum in keiner Weise zu vergleichen. Als Galla als sechzehnjähriges Mädchen erstmals hierhergekommen war, hatte sie nicht glauben können, dass dieser Ort tatsächlich existierte. Zu unglaublich waren all die Eindrücke gewesen.

An das Forum Romanum schlossen sich mehrere Foren an, die von Kaisern nachträglich hinzugefügt worden waren, man nannte sie daher auch die Kaiserforen. Erst das Caesarforum, dann das Augustusforum, dann das von Vespasian erbaute Friedensforum. Dahinter folgte die größte Baustelle der Stadt. Kaiser Trajan, der Vorgänger des aktuell regierenden Kaisers Hadrian, hatte entschieden, an dieser Stelle ein neues, noch viel größeres Forum mit einer riesigen Markthalle zu errichten. Seit neunzehn Jahren wurde nun schon daran gebaut, länger als Lucius und Fabia auf der Welt waren. Und doch war es noch nicht fertig. Das lag vor allem daran, dass an dieser Stelle eigentlich gar kein Platz gewesen war. Um das Forum errichten zu können, musste zuerst der fast fünfzig Schritt hohe Hang des Hügels Quirinal abgetragen werden, um eine ebene Fläche für das Forum zu schaffen. Mittlerweile war das erreicht und man konnte die Form des Platzes schon gut erkennen.

Auf dem Zentrum des Forums sollte eine hohe Säule zu Ehren Trajans für den Sieg über die Stämme der Daker entstehen, eines Volkes an der Mündung der Donau ins schwarze Meer. Wie immer herrschte auf der Baustelle rege Betriebsamkeit. Mit einem Lastenkran wurden Steinquader, die ein Vielfaches dessen wogen, was ein Mann heben konnte, in die Luft gehoben und auf die stetig wachsenden Mauern gehievt, wo sie mit Mörtel fixiert wurden. Steinmetze und Bildhauer arbeiteten auf dem großen Gerüst, das den Standort der Siegessäule markierte, und schlugen Szenen aus dem Krieg gegen die Daker in den Stein. Das Ächtzen der Sklaven, die barschen Rufe ihrer Aufseher und das Klopfen von Meißeln auf Marmor erfüllten die Luft. Ein unglücklicher Sklave stürzte und fing sich sogleich einige Hiebe mit der Peitsche seines Aufsehers ein.

Staunend schauten Lucius und Fabia den Handwerkern einige Minuten lang zu. Es war immer wieder beeindruckend zu sehen, wie der Bau voranging. Hinter dem Forum begann die Subura, das Armenviertel von Rom. Hohe Mietshäuser standen dicht an dicht, die Gassen waren schmal und dunkel. Nach Untergang der Sonne sollte kein Römer vornehmer Herkunft die Subura betreten – und wenn, dann nur mit einer Eskorte mehrerer starker Sklaven als Eskorte, denn gesetzlose Straßenbanden trieben dort ihr Unwesen. Galla nahm Lucius und Fabia bei den Händen und führte sie in die entgegengesetzte Richtung, weg von der Subura und zurück in Richtung Aventin.

Die Stadt Rom zur Kaiserzeit

Zur Zeit des Kaisers Hadrian um das Jahr 120 nach Christus war Rom die mit Abstand größte Stadt der bekannten Welt. Über eine Million Menschen lebte hier. Es gab große Plätze und kunstvolle Tempel aus Marmor, aber auch enge und schmutzige Gassen, in denen die Armen wohnten – eine Stadt voller Gegensätze. Die Stadt erstreckte sich über sieben Hügel und die dazwischen gelegenen Täler und Ebenen. Ursprünglich war sie von einer Mauer umgeben gewesen, doch zur Zeit von Lucius und Fabia war die Stadt schon weit über die Mauern hinausgewachsen.

In diesem Kapitel haben wir folgende Gebäude und Orte in Rom kennengelernt:

Der Aventin: Auf dem Hügel im Süden Roms wohnten neben Lucius, Fabia und ihren Eltern viele wohlhabende Römer in großen Stadthäusern.

Der Circus Maximus: Eine große Wagenrennbahn mit Tribünen. *Mehr über die Wagenrennen erfährst du in Kapitel 11: Hoch leben die Roten! – Wagenrennen im Circus Maximus.*

Der Kaiserpalast: Das große Gebäude stand über dem Circus Maximus auf dem Hügel Palatin, auf dem der Sage nach einst Romulus die Stadt gründete.

Das flavische Amphitheater: Die große Arena wird heute meist »Kolosseum« genannt. Dieser Name entstand aber erst nach der Römerzeit. Hier wurden Gladiatorenkämpfe vor großem Publikum ausgetragen. *Mehr über die Gladiatorenkämpfe erfährst du in Kapitel 22: Brot und Spiele.*

Die Via Sacra: Die, wörtlich übersetzt, »heilige Straße« führte über das Forum Romanum. Hier fanden Triumphzüge siegreicher Feldherren statt.

Das Forum Romanum: Auf dem zentralen Platz der Stadt gab es Tempel und Markthallen. Hier fanden auch Gerichtsverhandlungen und politische Ereignisse statt.

Das Trajansforum: Die Erweiterung des Forums wurde von Kaiser Trajan im Jahr 107 nach Christus in Auftrag gegeben. Hier gab es eine riesige Markthalle und eine Siegessäule, die vom Krieg gegen die Daker im heutigen Rumänien erzählt.

Die Subura: In dem Elendsviertel wohnten viele arme Menschen. Es gab viele hohe Mietshäuser und enge Gassen. In der Subura stank es gewaltig und nachts wimmelte es von zwielichtigen Gestalten.

04
KAPITEL

Salutatio - die römische Gesellschaft

Am Morgen wurde Lucius durch lautes Geschrei geweckt, das aus dem Tablinum drang. Er erkannte die Stimme seines Vaters: »Wie konntest du dich nur so über den Tisch ziehen lassen?«

Lucius hörte einen anderen Mann kleinlaut antworten.

»Und jetzt soll ich es wieder richten?«, unterbrach sein Vater ihn.

Lucius schlich sich durch das Atrium und spähte durch die offene Tür des Tablinums. Darin standen sein Vater in seiner Toga mit dem purpurfarbenen Streifen, die ihn als Senator kenntlich machte, dessen Sekretär Curio sowie etwa fünfzehn weitere Männer. Sein Vater wandte sich gerade von einem der Männer ab, der bedrückt dreinschaute.

»Schon gut, Manlius«, sagte er. »Wir bekommen das schon wieder hin.« Daraufhin ging er zum nächsten Mann, der den Kopf neigte und ihn unterwürfig begrüßte. Lucius kannte dieses Ritual. Es handelte sich um die **salutatio**, die allmorgendliche Begrüßung durch die Klienten des Senators. Sein Vater hatte ihm das uralte System erklärt. Als Senator genoss er in der Gesellschaft hohes Ansehen und großen Einfluss. Männer von geringerem Stand, die etwa als Händler oder Handwerker arbeiteten, hatten diesen Einfluss nicht. Deshalb brauchten sie Unterstützung, wenn sie zum Beispiel vor Gericht angeklagt wurden oder sich von den staatlichen Amtsträgern ungerecht behandelt fühlten. Andersherum brauchte sein Vater Menschen, auf die er sich verlassen konnte, die Botengänge für ihn erledigten, die ihn unterstützten, wenn er ein öffentliches Amt anstrebte, wenn Arbeiten an seinem Haus nötig waren oder er Schutz brauchte, wenn er in der Stadt unterwegs war. Aus diesem Grund scharte jeder Senator in Rom eine Gruppe von in der Gesellschaft tiefer stehenden Bürgern um sich, die all das für ihn erledigten – seine Klienten. Im Gegenzug wurde er ihr Patron, erwies ihnen Gefallen und verteidigte sie vor Gericht, sollten sie angeklagt werden. Jeden Morgen fanden sich Klienten zur **salutatio** im Tablinum des Hauses ihres Patrons ein, um ihn zu begrüßen und ihm, wenn nötig, ihre Anliegen vorzutragen. So auch heute.

Lucius setzte sich auf eine der Bänke an den Wänden des Tablinums und wartete, bis alle Klienten ihr Anliegen hatten vortragen können und das Haus verlassen hatten. Im Hinausgehen nickten sie ihm freundlich zu oder grüßten ihn als Herrn. Eines Tages, so hatte es Lucius' Vater ihm gesagt, würde ein Teil seiner Klienten und deren Kinder auf ihn übergehen und er würde ihr neuer Patron werden. Doch bis dahin war noch viel Zeit

»Was war mit dem Mann?«, fragte Lucius.

Sein Vater wandte sich zu ihm um. »Oh, guten Morgen Lucius, ich hatte gar nicht gesehen, dass du hereingekommen bist«, sagte er und setzte sich neben Lucius auf die Bank. »Manlius ist ein Dummkopf. Er hat eine große Ladung Getreide für seine Bäckerei gekauft, aber der Getreidehändler hat falsche Gewichte verwendet und viel zu viel Geld verlangt. Er hat das zu spät bemerkt und hatte die Ware schon bezahlt. Jetzt will der Händler das Geld nicht mehr herausrücken. Aber kein Problem. Ich habe ihm versprochen, mit dem Ädil zu sprechen, der die Aufsicht über die Maße und Gewichte führt, und ihm den freundlichen Tipp zu geben, doch mal diesen Getreidehändler zu kontrollieren. Licinius, der dieses Amt aktuell bekleidet, ist ein alter Bekannter von mir. Ich treffe ihn sowieso nachher im Senat.«

Lucius lachte. »Ja, das wird ihm eine Lehre sein. Ich komme immer durcheinander mit all den verschiedenen Leuten und Ämtern, es gibt so viele davon. Quästoren, Ädilen, Prätoren, Tribune. Außerdem wechseln ständig die Männer, die all diese Positionen bekleiden. Wie kannst du dir das alles bloß merken?«

Senator Vitalis lächelte. »Das ist das Erfolgsgeheimnis in der Politik, Lucius. Man muss möglichst viele einflussreiche Männer kennen, wissen, welche Positionen sie bekleiden, und im Idealfall sollten sie noch einen Gefallen bei dir offen haben. Das wirst du alles noch lernen.«

»Aber warum gibt es überhaupt so viele Ämter?«, fragte Lucius.

»Das Imperium ist groß, mein Junge«, antwortete sein Vater. »Es reicht um das gesamte Mittelmeer herum, von Hispanien bis nach Syrien und von Britannien bis nach Ägypten. Auch die Stadt

Rom ist groß. Über eine Million Menschen lebt hier. Da braucht man viele Männer, die sich um all das kümmern.« Er überlegte kurz. »Aber es gibt noch einen anderen Grund. Ich habe dir doch von Romulus erzählt, dem ersten König Roms.«

Lucius nickte. »Als es in Rom noch einen König gab, waren die Verhältnisse nicht so kompliziert. Ich möchte dir erzählen, warum sich das änderte.«

Die römische Gesellschaft

In Rom hatte nicht jeder die gleichen Rechte, so wie dies heute leider noch in vielen Teilen der Welt der Fall ist. Man unterschied grundsätzlich Sklaven, die gar keine Rechte hatten und wie Besitz behandelt wurden, und freie Menschen. Die Freien lassen sich wiederum in jene einteilen, die Bürger der Stadt Rom waren (**cives Romani**), also das römische Bürgerrecht besaßen, und solche, die dieses nicht innehatten. Unter den römischen Bürgern gab es verschiedene gesellschaftliche Schichten. Die einfachen Bürger wurden »Plebejer« genannt. Sie waren zum

Beispiel Handwerker, Kaufleute oder Bauern. Die Reichsten von ihnen gehörten zum sogenannten »Ritterstand«. Die Mitglieder der Oberschicht wurden »Patrizier« genannt. Die edelsten männlichen Patrizier waren die Senatoren, wie zum Beispiel Senator Vitalis. Mit der Zeit schafften es auch einige plebejische Familien in den Senat aufzusteigen. Viele einfache Leute suchten sich einen einflussreichen Senator als Patron. Umgekehrt verfügten besonders angesehene und mächtige Senatoren über viele Klienten.

05 KAPITEL

Wie die Römer ihren König verjagten – die Gründung der Republik

Senator Vitalis begann seine Erzählung: »Etwa zweihundert Jahre waren seit dem Tod des Stadtgründers Romulus vergangen. Die Stadt war schon stark gewachsen, aber trotzdem war sie noch lange nicht mit ihrer heutigen Größe zu vergleichen. Die meisten Menschen lebten damals bäuerlich, bewirtschafteten ihre Felder und leisteten im Sommer Kriegsdienst für den König. Seit Romulus hatte es sechs weitere Könige gegeben. Numa Pompilius, Tullus Hostilius, Ancus Marcius, Tarquinius Priscus, Servius Tullius und schließlich Tarquinius Superbus, der zu dieser Zeit herrschte. Man sagt, dass dieser siebte König ein Mann von großem Hochmut und noch größerer Grausamkeit war. Aus diesem Grund trägt er seinen Beinamen **superbus** – der Hochmütige. Erst soll er den vorherigen König, seinen Schwiegervater, mithilfe seiner Geliebten Tullia ermordet haben, dann alle Rivalen und schließlich auch Leute, die ihm nichts getan hatten, nur weil er ihre Reichtümer für sich selbst haben wollte. Er trieb es so weit, dass die adligen Familien Roms begannen, ihren König zu fürchten und zu hassen. Schließlich begannen sogar die Götter, Tarquinius zu zürnen, und schickten als schlechtes Omen eine giftige Schlange in den Königspalast.

Tarquinius war darüber so erschrocken, dass er beschloss, zwei seiner Söhne und seinen Neffen Brutus zum Orakel von Delphi nach Griechenland zu schicken. Das ist ein Ort, an dem Menschen Fragen an die Götter richten können. In diesem uralten Tempel gibt es Priesterinnen, die in Kontakt mit den Göttern treten können. Manchmal antworteten die Götter durch die Münder der Priesterinnen, die wie in Trance sind, während eine göttliche Macht von ihnen Besitz ergreift. So war es auch damals. Als die drei dort erfahren hatten, was es mit der Schlange auf sich gehabt hatte, beschlossen sie, noch eine weitere Frage zu stellen.

›Wer wird als nächster in Rom herrschen?‹, fragte Titus Tarquinius, der älteste Sohn des Königs. Doch wie so oft antworteten die Götter in Rätseln.

›Die Macht in Rom wird derjenige von euch erlangen, der der Mutter als Erster einen Kuss gibt‹, klang es aus dem Mund der Priesterin. Daraufhin beeilten sich die beiden Brüder, so schnell wie möglich nach Rom zurückzukehren, um ihre Mutter zu küssen.

Doch Brutus war klüger als die beiden. All die Jahre lang hatte er so getan, als sei er ein Dummkopf. So hatte er es geschafft, dass der König ihn nicht als Gefahr sah und deswegen umbringen ließ. Nun erkannte er, dass das Orakel nicht von der leiblichen Mutter der beiden Königssöhne, sondern von der Mutter aller Menschen, der Erde, gesprochen hatte. Also tat er so, als würde er stolpern, fiel zu Boden und heimlich gab er dem staubigen Boden Griechenlands einen Kuss.

Zurück in Rom sammelte Brutus Verschwörer um sich, die den tyrannischen König ebenso loswerden wollten wie er und begann schließlich einen Aufstand gegen Tarquinius, als dieser sich gerade auf einem Feldzug befand. Der König und seine Familie wurden aus der Stadt verbannt, sie durften sie nie wieder betreten. Viele andere Männer an Brutus' Stelle hätten sich selbst die Königskrone aufgesetzt. Doch Brutus war weitsichtig und intelligent. Er wusste, wenn er sich zum König machte, dann würde es nach ihm auch weitere Könige geben und dann wäre es nur eine Frage der Zeit, bis der nächste Tyrann Rom mit Furcht und Schrecken überziehen würde.« Senator Vitalis machte eine kurze Pause, um die Wirkung seiner Worte zu unterstreichen.

Lucius sah ihn mit großen Augen an. »Was hat er stattdessen getan, Vater?«, fragte er.

Dieser lächelte wehmütig. »Er hat das beste System aller Zeiten geschaffen – die Republik. Das Wort Republik kommt von **res publica**, das bedeutet ›öffentliche Sache‹. Denn genau das sollte der Staat nach dem Willen Brutus' in Zukunft sein. Eine öffentliche Sache, in der alle Männer von Stand Verantwortung tragen sollten, nicht nur ein einzelner König.«

Langsam verstand Lucius, worauf sein Vater hinauswollte.

»Er teilte die Herrschaft unter den Menschen auf. An der Stelle des Königs standen zukünftig zwei Männer, die Konsuln. Sie teilten sich die Macht und kontrollierten sich gegenseitig. Außerdem waren sie nur für ein einziges Jahr im Amt, danach übernahmen zwei neue, von der Volksversammlung gewählte Männer. Auf diese Weise konnte niemand von ihnen zu viel Macht erlangen. Auch der Senat gewann an Bedeutung. Früher hatte er den König nur beraten können. Nun wurden alle wichtigen Themen hier diskutiert. Die Senatoren konnten abstimmen und Beschlüsse fassen. Mit der Zeit kamen weitere Ämter hinzu: Die Prätoren leiteten die öffentlichen Gerichte, die Ädilen überwachten die Lebensmittelversorgung und die öffentlichen Bauwerke, die Quästoren verwalteten das staatliche Geld und halfen bei der Verwaltung der Provinzen und die Volkstribune konnen Gesetze verhindern, wenn sie den Interessen des einfachen Volkes widersprachen. Du siehst also, Lucius: In dem Staat, den Brutus errichtete, war die Macht auf viele Schultern verteilt. Nie wieder sollte ein einzelner König über Rom herrschen.«

Die römische Republik

Genau wie die Sage von Romulus und Remus ist wohl auch die Sage um Brutus und die Gründung der Republik erfunden. Fakt ist aber, dass die Römer als eines der ersten Völker überhaupt die Königsherrschaft abschafften und von rund 500 vor Christus bis zum Jahr 27 vor Christus in einer Republik lebten, in der es keinen Alleinherrscher gab, sondern die Macht geteilt wurde – zum Beispiel zwischen den zwei Konsuln, die für ein Jahr gewählt wurden. Der Name Republik kommt vom lateinischen **res publica**, was »öffentliche Sache« bedeutet. Auch heute sind viele Staaten Republiken, zum Beispiel die Bundesrepublik Deutschland. Die römische Republik ist aber nicht mit einer Demokratie zu verwechseln, wie es sie heute gibt: Politischen Einfluss hatten nur reiche, adelige Männer in der Stadt Rom. Frauen, Sklaven, Arme und Menschen im Rest des Reiches blieben weitestgehend ohne politischen Einfluss. Das Motto der Republik war SPQR – **senatus populusque Romanus**: der römische Senat und das römische Volk. Dieses Motto verkörperte die Idee der Republik, dass der Staat von den Menschen gebildet wird und nicht von einem Alleinherrscher.

06 KAPITEL

Griechenland lebt fort - der Einfluss der Griechen auf die römische Kultur

Fabia stürmte ins Tablinum und riss Lucius aus seinen Gedanken.

»Wo bleibst du denn? Der Unterricht beginnt gleich.«

Senator Vitalis lachte. »Oje, da haben wir wohl ganz die Zeit vergessen.« Er drückte Lucius einen Abschiedskuss auf die Wange und dieser trat mit Fabia ins Atrium hinaus, wo Galla schon auf die beiden wartete. »Na los«, drängte sie, »ihr kommt noch zu spät.«

Zur Schule waren es nur wenige hundert Schritt den Aventin hinunter. Viele Kinder von senatorischem Stand, wie Fabia und Lucius, hatten Privatlehrer, die sie im eigenen Haus unterrichteten. Senator Vitalis und seine Frau Quintilla waren allerdings der Meinung, es täte den Kindern gut, eine Schule außerhalb des Hauses zu besuchen und so Zeit mit Gleichaltrigen zu verbringen. In Fabias und Lucius' Schule gingen neben ihnen noch sechs weitere Kinder. Der Lehrer Linos war ein freigelassener Grieche. Es war üblich, dass Sklaven, nachdem sie ihrem Herrn viele Jahre lang treu gedient hatten, die Freiheit geschenkt wurde. Dann konnten sie entweder weiter für ihren ehemaligen Herrn arbeiten, nun gegen Bezahlung, oder sich ein eigenes Leben aufbauen. In jedem Fall blieben sie aber ihrem ehemaligen Herrn lebenslang zu Dank und Treue verpflichtet und wurden ihre Klienten. Linos war im Alter von fünfzig Jahren freigelassen worden, nachdem er über zwanzig Jahre lang die Kinder seines Herrn unterrichtet hatte. Dann hatte er sein Erspartes genutzt, einen kleinen Geschäftsraum gekauft und eine Schule eröffnet, um sich seinen Lebensunterhalt zu verdienen.

Linos stand in der Tür, als Fabia und Lucius mit Galla an der Schule ankamen. Anders als für Römer üblich trug er, wie viele Griechen, einen weißen Bart. Seine Haut war faltig und er stützte sich auf einen Stock. Er sah alt aus, doch seine wachen grünen Augen blitzten. »Ah, Lucius und Fabia, da seid ihr ja«, begrüßte er die beiden und bedeutete ihnen hineinzugehen.

»Entschuldige, Magister«, sagte Lucius, »ich habe die Zeit vergessen.«

»Ja, das glaube ich gern«, schmunzelte Linos, der Lucius nun schon seit einigen Jahren kannte. Er nickte Galla grüßend zu und schloss dann die Tür.

Die Schule bestand nur aus einem einzigen Raum, der von Öllampen erhellt wurde. An einer Wand stapelten sich auf einem Regal Schriftrollen, ansonsten war der Raum bis auf die Sitzbänke, auf denen schon die anderen Schülerinnen und Schüler warteten und schwatzten, leer. Linos ging nach vorn und stieß seinen Stock auf den Boden, um für Ruhe zu sorgen. Die Gespräche verstummten. »**Salvete discipuli discipulaeque**«, sagte er. »Seid gegrüßt, Schülerinnen und Schüler.«

»**Salve magister**«, scholl es aus acht Mündern zurück. »Sei gegrüßt, Lehrer.«

In der Schule

Nicht alle Römer gingen zur Schule. Vor allem Kinder aus ärmeren Schichten und Mädchen bekamen meist keine Bildung. Staatliche Schulen gab es nicht, sondern nur kleine Privatschulen, meist von einer einzigen Person betrieben. Der **magister ludi** war eine Art Grundschullehrer, der Lesen und Schreiben beibrachte. Jungen aus der Oberschicht gingen danach oft zu einem **grammaticus**, der sie in Literatur, Geschichte und Philosophie unterwies.

Linos musterte die im Raum versammelten Kinder und sein Blick blieb an Fabia hängen. Sie trug die kleine Dianafigur, die sie am vorherigen Tag am Circus Maximus gekauft hatte, an einem Lederriemen um den Hals.

»Was hast du denn da Schönes, Fabia?«, fragte er und deutete auf die Figur.

Fabia hielt sie stolz in die Höhe. »Das ist Diana, die Göttin des Mondes und der Jagd. Sie beschützt die Kinder und die Mädchen ganz besonders.«

»Ganz recht«, sagte Linos nachdenklich. »Diese Aufgabe nimmt sie sehr ernst. Weiß jemand von euch, wie der griechische Name der Diana ist?«

Ein Mädchen neben Lucius meldete sich. »Artemis«, sagte sie, als Linos sie mit einem Fingerzeig aufforderte, die Antwort zu geben.

»Ja, das stimmt. Die Griechen nennen sie ›Artemis‹. Die meisten römischen Göttinnen und Götter haben auch einen griechischen Namen. Kennt ihr noch weitere Beispiele dafür?« Überall schossen Finger in die Höhe.

»Jupiter, der Göttervater, wird von den Griechen ›Zeus‹ genannt«, wusste ein Junge. »Und der Kriegsgott Mars heißt bei ihnen ›Ares‹«, warf ein anderer ein.

Auch Fabia wusste noch zwei Beispiele: »Juno, die Frau des Jupiter und Göttin der Frauen und der Geburt, heißt auf Griechisch ›Hera‹ und Vesta, die Göttin des heiligen Herdfeuers, wird von ihnen ›Hestia‹ genannt.«

Linos nickte. »Alles richtig. Wisst ihr auch, warum all die Götter zwei Namen haben?« Diesmal meldete sich niemand.

»Gut«, sagte der alte Grieche, »ich will es euch erklären. Die Griechen sind ein altes Volk, weit älter als die Römer. Schon vor mehr als eintausend Jahren gab es die griechische Kultur und man verehrte die Götter. Doch Griechenland war ganz anders als Rom. Es gab nicht eine Stadt, die über alle anderen herrschte. Es gab keinen Kaiser oder auch nur einen König, der Griechenland als Ganzes beherrschte. Nein, stattdessen gab es viele kleine und größere Städte, die ganz unabhängig voneinander waren. Alle teilten die griechische Sprache, die Kultur und die Götter, aber niemand beherrschte den anderen. Manche dieser Städte gelangten zu großer Berühmtheit: Athen, Sparta, Theben oder Korinth, um nur einige Beispiele zu nennen. Manchmal führten die Städte Krieg gegeneinander, doch keiner gelang es, die anderen unter ihre Herrschaft zu bringen. So ging es viele Jahrhunderte lang.« Die Schülerinnen und Schüler lauschten aufmerksam. Keiner von ihnen war je in Griechenland gewesen.

»Es ist ein Land mit langer Küste und vielen Inseln«, fuhr Linos fort. »Deshalb war mein Volk von jeher gut darin, Schiffe zu bauen, zu neuen Ufern zu segeln und Handel zu treiben. So kam es, dass überall am Mittelmeer, von Kleinasien bis ins ferne Hispanien und sogar bis hoch oben am Schwarzen Meer, griechische Städte gegründet wurden, die man ›Kolonien‹ nannte.

Diese Kolonien lagen zwar nicht mehr in Griechenland, waren aber dennoch griechisch. Dort lebten Griechen, es wurde Griechisch gesprochen, Handel mit dem griechischen Mutterland getrieben und die griechischen Götter wurden angebetet. Ich bin mir sicher, jeder von euch war schon einmal in einer Stadt, die vor vielen Jahrhunderten als Kolonie gegründet wurde. Es gibt viele davon hier in Italien. Das bekannteste Beispiel ist vielleicht Neapolis am gleichnamigen Golf.«

Lucius kannte diesen Ort. Er lag etwa einhundertdreißig Meilen (etwa 190 Kilometer) südlich von Rom. Viele Senatoren und reiche Kaufleute hatten dort Villen für den Sommer.

»Ein anderes Beispiel ist Syrakus auf der Insel Sizilien im Süden Italiens. Auch dort siedelten sich Griechen an. All das geschah vor oder um eine ähnliche Zeit herum wie die Gründung Roms. Deshalb standen die Römer schon immer mit Griechen in Kontakt, auch wenn sie damals natürlich noch nicht in Griechenland selbst aktiv waren. Auf diese Weise lernten sie die griechischen Götter kennen und sahen schnell, dass es zwischen ihren traditionellen Göttern und den Göttern der Griechen viele Gemeinsamkeiten gab. Griechen und Römer verehrten beide einen Donnergott, der der Vater und König aller anderen Götter war. Die Griechen nannten ihn ›Zeus‹, die Römer ›Jupiter‹. Aber was machte das für einen Unterschied? Es handelte sich um denselben Gott, bloß der Name war unterschiedlich. So glichen sich die Götter der Griechen und Römer immer mehr an. Nur die zwei unterschiedlichen Namen für die Götter blieben.

Mit der Zeit wuchs Rom und eroberte erst Italien mit all den griechischen Kolonien und später auch Griechenland selbst. Heute ist es eine römische Provinz und Athen und Sparta ist nichts von ihrer Unabhängigkeit geblieben. Sie werden wie alle griechischen Städte von Rom und seinen Statthaltern beherrscht. Doch ihre Kultur lebt weiter: in Sprache, Philosophie, Kunst – und auch in den Göttern.« Sein Gesicht hatte einen verträumten, sehnsüchtigen Ausdruck angenommen. Nach einer kurzen Pause wandte er sich wieder direkt an Fabia. »Du siehst, Fabia, deine kleine Diana, oder nennen wir sie ›Artemis‹, ist auch ein Zeichen dafür, wie eng Rom und Griechenland miteinander verbunden sind. Rom mag uns Griechen unterworfen haben, es war uns in der Kriegsführung überlegen, aber wir Griechen haben wiederum die römische Kultur so stark geprägt, wie kein anderes Volk es je vermocht hätte. Und so lebt unsere Kultur fort, was auch mit unserem Land geschieht.« Linos nickte, als wollte er die Wahrheit seiner Worte bekräftigen. »Aber genug davon. Eure Eltern bezahlen mich nicht, damit ich euch Geschichten über die Griechen erzähle. Nein, sie bezahlen mich, damit ihr lesen und schreiben lernt. Wir wollen ein Diktat schreiben.«

Lucius stöhnte auf, aber Linos ließ sich nicht beirren.

»Holt eure Wachstafeln heraus.«

Griechenland und Rom

In Rom lebten viele griechische Sklaven. Viele von ihnen arbeiteten als Lehrer, so wie Linos. Die griechische Kultur und Sprache galten bei vornehmen Römern als besonders wertvoll – und tatsächlich prägten die Griechen Rom sehr stark. Nicht zuletzt durch ihre Religion, die die Römer in großen Teilen übernahmen. Durch ihre vielen Kolonien im ganzen Mittelmeerraum hatten sie großen Einfluss und als Rom Griechenland um das Jahr 150 vor Christus eroberte, verstärkte sich dieser Einfluss nochmals.

07

KAPITEL

Diana hinter sich lassen - Ehe und Familie bei den Römern

Als die Schule um den Mittag herum endete, holte Tirax, der Türhüter, Fabia von der Schule ab. Lucius ging noch auf das Forum hinunter, um der Senatsdebatte zu lauschen und so gingen die beiden allein durch die Gassen zurück zum Haus. Abgesehen von einer gebrummten Begrüßung, als er sie an der Schule in Empfang nahm, sprach Tirax den ganzen Weg über kein Wort. Das machte er meistens so. Er war ein äußerst schweigsamer Geselle und sprach nur, wenn es wirklich nötig war. Früher hatte Fabia oft versucht, sich mit ihm zu unterhalten und hatte ihm Fragen über seine frühere Heimat oben im Norden Thrakiens gestellt. Doch Tirax hatte stets nur kurze, abwiegelnde Antworten gegeben und war schnell wieder verstummt. Oft hatte Fabia das Gefühl gehabt, er sei aus Trauer so verschlossen, aus Sehnsucht nach seiner Heimat. Aber trotz seiner Verschlossenheit spürte Fabia eine große Zuneigung zu ihrem großen Begleiter. Er beschützte sie und Lucius vor den Gefahren der Straße. Einmal hatte er einem Straßendieb, der die Familie zu überfallen versucht hatte, eigenhändig beide Arme gebrochen und alle wohlbehalten in die Sicherheit des Hauses zurückgeführt. Spätestens seit diesem Tag vertraute Fabia ihm vorbehaltslos.

Als sie zu Hause ankamen, bezog Tirax wieder seinen Platz am Eingang des Hauses. Fabia fand ihre Mutter im Garten, wo sie im Schatten einer kleinen Pinie saß und ein Schriftstück las. Quintilla war eine stolze Frau von vierzig Jahren, die gewissenhaft und streng die Aufsicht über den Haushalt führte, aber ebenso war sie eine liebevolle Mutter.

»Sei gegrüßt!«, rief Fabia ihr zu und kam in ihre Arme.

»Hallo, mein Kind«, antwortete sie und legte das Schriftstück beiseite. »Wie war es in der Schule?«

Fabia erzählte ihr von der Geschichte, die ihr Lehrer ihnen erzählt hatte und erwähnte auch, dass ihre Dianafigur der Auslöser dafür gewesen war. Nachdenklich betrachtete ihre Mutter die kleine Holzfigur. »Als ich in deinem Alter war, habe ich Diana auch sehr bewundert«, sagte sie. »Genau wie sie wollte ich niemals heiraten und mich nie von einem Mann abhängig machen.« Fabia hatte davon gehört, dass die Göttin Diana jede Beziehung zu Männern ablehnte, auch, um ihrer Rolle als Beschützerin der Mädchen und Jungfrauen bestmöglich gerecht werden zu können.

»Aber trotzdem hast du Vater geheiratet«, stellte Fabia fest. »Wieso hast du deine Meinung geändert?«

Quintilla lachte. »Allerdings, das habe ich. Als ich älter wurde, erkannte ich, dass es auch Vorteile hat, sich mit einem Mann zusammenzuschließen. Einer davon ist, dass es dich ja sonst nicht gäbe, meine Liebe.« Sie lächelte Fabia zu und diese erwiderte das Lachen.

Dann wurde die Miene ihrer Mutter ernster. »Aber das war auch nicht der einzige Grund. Nach den Sitten unserer Vorväter entscheidet der Vater eines Mädchens, wann sie bereit für die Ehe ist und mit wem sie sich zu verbinden hat. Als ich fünfzehn wurde, rief mein Vater mich zu sich und erklärte mir, dass er einen geeigneten Mann für mich gefunden habe. Mädchen gelten schon mit zwölf Jahren als volljährig und somit heiratsfähig. Bei Jungen sind es vierzehn Jahre, auch wenn sie meist erst deutlich später heiraten. Mein Vater erklärte mir, dass Marcus Fabius Vitalis, dein Vater, mein Ehemann werden würde. Er hatte das mit ihm und dessen Vater besprochen und beide Seiten erhofften sich von der Eheschließung politische und wirtschaftliche Vorteile – wenig romantisch. Mein Vater war ein anständiger Mensch und deshalb fragte er auch mich nach meiner Meinung, obwohl er das nicht gemusst hätte. Nach einigem Nachdenken stimmte ich schließlich zu, denn dass ich irgendwann würde heiraten müssen, stand außer Frage.«

Fabia nickte bedächtig. »Das verstehe ich. Was geschah dann?«

»Dein Vater war bei der Hochzeit zehn volle Jahre älter als ich, aber das ist nichts Unübliches. Wir trafen uns vor der Hochzeit einige Male im Beisein unserer Eltern und trotz der wenig romantischen Gründen für unsere Ehe entwickelte sich schnell echte Zuneigung zwischen uns. Am Tag vor der Hochzeit opferte ich meine Kinderkleidung und mein Spielzeug der Göttin Vesta, wie es Brauch ist. Im Haus meines Vaters hatten wir dafür ein Feuer entzündet und als ich all die Dinge verbrennen sah, wusste ich, dass ich mein altes Leben hinter mir ließ. An diesem Abend schwor ich Diana ab, ich war nun kein Mädchen mehr, das unter ihrem Schutz stand.«

Fabia staunte und drückte die Dianafigur fester in ihre Hand. »Das war bestimmt nicht leicht«, sagte sie.

Ihre Mutter schüttelte traurig den Kopf. »Nein, ganz und gar nicht. Ich habe die ganze Nacht geweint, auch wenn ich mich inzwischen mit dem Gedanken angefreundet hatte, deinen Vater zu heiraten. Am nächsten Morgen holte er mich im Haus meiner Eltern ab. Es wurde ein weißer Bulle geschlachtet und Priester begutachteten seine Leber und sein Herz. Sie waren beide makellos – ein Zeichen dafür, dass die Götter der Ehe ihren Segen gaben. Vor unseren Eltern, Verwandten und Freunden als Zeugen sprach ich die altehrwürdigen Worte: ›**Ubi tu Gaius, ego Gaia**‹ – ›Wo du Gaius bist, bin ich Gaia‹ und er antwortete: ›**Ubi tu Gaia, ego Gaius**‹ – ›Wo du Gaia bist, bin ich Gaius‹ Damit waren wir offiziell Eheleute.«

Sie lächelte bei der Erinnerung. »Auch wenn ich anfangs meine Zweifel hatte, habe ich die Hochzeit nie bereut. Ich hatte Glück, dein Vater hat mich immer respektiert und ist mir gegenüber nie

grob geworden. Viele Frauen hatten kein so großes Glück. Nach römischem Recht ist der Vater als **pater familias** das alleinige Oberhaupt der Familie. Ihm stehen alle Entscheidungen zu, sogar neugeborene Kinder nicht in die Familie aufzunehmen, sondern auszusetzen.« Fabia erschrak und Quintilla lachte. »Keine Sorge, das stand bei euch natürlich nie zur Diskussion. Wie schon gesagt, hat dein Vater mich immer gut behandelt und wir haben uns sehr über unsere Kinder gefreut. Nach der Hochzeit zogen wir in einer festlichen Prozession vom Haus meiner Eltern auf dem Quirinal durch die Stadt bis hierher, ins Haus deines Vaters auf dem Aventin. Er trug mich über die Türschwelle und zum Glück stolperte er nicht. Das wäre ein sehr schlechtes Omen für unsere Ehe gewesen. Seither richte ich meine Opfer und Gebete an Juno, die Göttin der Ehe, und Vesta, die Göttin des Herdfeuers, nicht mehr an Diana.«

Fabia dachte über die Worte ihrer Mutter nach. »Ich kann mir auch nicht vorstellen, jemals zu heiraten«, sagte sie schließlich.

Ihre Mutter lachte. »Ganz wie ich damals. Du wirst sehen, in ein paar Jahren schaust du vielleicht schon ganz anders darauf. Aber bis es so weit ist, wird Diana eine gute Begleiterin für dich sein.«

»Wie alt warst du, als du dein erstes Kind bekommen hast?«, wollte Fabia wissen, die immer noch ihre Dianafigur fest umschlossen hielt, als könnte diese sie vor dem Schicksal ihrer Mutter beschützen.

Beim Gedanken an ihren ältesten Sohn nahm Quintillas Blick eine Mischung aus Trauer und Stolz an. »Ich war siebzehn«, antwortete sie, »und es war knapp zwei Jahre nach unserer Hochzeit. Wie es üblich ist, bekam er den Namen seines Vaters, Marcus Fabius Vitalis.«

Fabia hatte ihren Bruder Marcus schon seit zwei Jahren nicht mehr gesehen. Er diente als Militärtribun in der dreißigsten Legion **Ulpia Victrix**, hoch oben im fernen Germanien. Viele junge Männer aus der Oberschicht dienten eine Zeit lang in dieser Position und sammelten Erfahrung für einen späteren Posten als Legionskommandant oder sogar Statthalter, bevor sie in Rom ihre politische Karriere fortsetzten. Auch Fabias Vater hatte als Tribun in den Legionen gedient, unmittelbar bevor er Quintilla geheiratet hatte. Er war in Syrien gewesen, an der Grenze zum Partherreich. Auch Lucius würde, wenn er alt genug war, einen solchen Posten antreten. Quintilla wurde das Herz schwer, als sie daran dachte, wie lange sie ihren Sohn schon nicht mehr in die Arme geschlossen hatte. Sie beeilte sich weiterzuerzählen.

»Fast zehn Jahre später wurde ich erneut schwanger und bekam deinen Bruder Lucius. Jeder männliche römische Bürger hat drei Namen. Einen Vornamen, das **praenomen**, einen Familiennamen, auch **nomen gentile** genannt, und einen Beinamen, das **cognomen**. Dein Vater entstammt der Familie der Fabier, deshalb ist sein Familienname Fabius, ebenso wie der von Marcus und Lucius.

In unserer Familie ist es aber üblich, dass nur der älteste Sohn den Beinamen des Vaters erbt, und so bekam Marcus den Namen Vitalis und Lucius einen Beinamen, der sich nach meinem Namen richtete: Quintillus. Deshalb heißt er mit vollem Namen Lucius Fabius Quintillus. Bei Frauen ist das anders. Ich habe nur einen Namen, Quintilla, da mein Vater aus der Familie der Quintilier stammte. So ist es auch mit dir, Fabia. Als ich dich zwei Jahre nach Lucius als mein letztes Kind bekam, gaben wir dir, der Sitte unserer Vorfahren entsprechend, die weibliche Form des Familiennamens. Aus Fabius wurde Fabia.«

Ehe und Familie

Ehen wurden im alten Rom meist nicht aus Liebe geschlossen, sondern als Zweckbündnisse. Das zog sich durch alle Gesellschaftsschichten. So konnten Bauern ihren Hof vergrößern, indem sie in die Familie eines Nachbarn einheirateten und Politiker besiegelten Allianzen nicht selten, indem sie ihrem Verbündeten ihre Tochter zur Frau gaben. Frauen arbeiteten im alten Rom meist nicht, sondern führten den Haushalt. Der Mann war als **pater familias** das Oberhaupt der Familie und hatte das Recht, alle wichtigen Entscheidungen zu treffen. Besonders Adelige legten großen Wert auf ihre Familie, die sie meist viele Generationen zurückverfolgen konnten. Diejenigen Familien, die Vorfahren aus der Gründungszeit Roms vorweisen konnten, galten als die vornehmsten. Die Familienzugehörigkeit eines Mannes erkennt man an seinem Namen.

Ein Beispiel:

Gaius Iulius Caesar

praenomen: Vorname

nomen gentile: Familienname. Caesar gehörte zur Familie der Iulier (**gens Iulia**).

cognomen: Beiname. Das cognomen war ursprünglich eine Art Spitzname, später wurde es auch vererbt.

08

KAPITEL

Im Senat - Erster unter Gleichen

»So wurde die nördliche Grenze der Provinz Britannien mit einem Wall befestigt, um den Überfällen der nördlichen Stämme auf unser Territorium ein Ende zu setzen. Dieser Wall erhielt in Anerkennung der großen Weisheit unseres Kaisers Publius Aelius Hadrianus den Namen **vallum Hadriani**, Hadrianswall. Im kommenden Jahr wird die zweite Legion Augusta beginnen, den Hadrianswall durch ein Netz von Wachtürmen und Kastellen noch weiter zu sichern, sodass die Grenze gänzlich sicher sein wird. Ich schließe den Bericht in Hochachtung vor dem römischen Senat und Volk und seinem Kaiser Hadrian und erwarte ergebenst seine Befehle. Gezeichnet, Quintus Pompeius Falco, Statthalter der Provinz Britannien.« Der erste Konsul ließ die Schriftrolle sinken, die er soeben verlesen hatte, und gab sie dem Sklaven, der hinter ihm kniete. Die in der Curia versammelten Senatoren applaudierten.

Lucius stand in der Tür zur Curia hinter dem Band, das den Eingang versperrte, und lauschte, wie viele andere Bürger auf dem Forum, der Senatsversammlung. Nur Senatoren durften das Gebäude betreten und natürlich war Lucius kein Senator – noch nicht. Aber er war fest entschlossen, eines Tages wie sein Vater diesen hohen Rang zu erreichen. Im Senat waren die sechshundert einflussreichsten adeligen Männer Roms vertreten. Sie alle trugen als Zeichen ihres Ranges einen breiten purpurroten Streifen am Saum ihrer Toga, dem traditionellen Gewand der römischen Bürger. Den Vorsitz über den Senat führten von jeher die beiden Konsuln, die für ein Jahr amtierten. Zur Zeit der Republik waren sie die führenden Männer des Staates gewesen, aber seitdem Kaiser in Rom herrschten, hatten sie diese Funktion eingebüßt. Nichtsdestotrotz waren die Konsuln hoch angesehen und es war der Traum eines jeden Senators, eines Tages dieses Amt zu erreichen. Der wahre Herr Roms saß jedoch hinter den Konsuln auf einem goldenen kurulischen Stuhl. Publius Aelius Hadrianus, der Kaiser. Er hatte dem Bericht des Statthalters Falco, der vom ersten Konsul verlesen worden war, aufmerksam gelauscht und nun, als der Applaus verebbte, stand er auf und hob die Hand. Sofort kehrte Stille im Raum ein.

»**Patres conscripti**«, begann er mit der altehrwürdigen Anrede für die Senatoren, »ich spreche Statthalter Falco für seine Verdienste um die Sicherung und Festigung der römischen Herrschaft in Britannien meinen persönlichen und, mit eurer Zustimmung, den Dank des ganzen Hauses aus.« Wieder regte sich Beifall. »Es ist nunmehr fast achtzig Jahre her, dass Claudius, einer meiner ehrenwerten Vorgänger im Amt des ersten Bürgers, die wilden Bewohner dieser Insel besiegte. Damals war Britannien der Inbegriff des Schreckens, eine kahle Insel weit draußen im Ozean, kalt, neblig, von den Göttern verlassen und von Barbaren bewohnt. Selbst Julius Caesar hatte es nicht geschafft, diesen Rand der Welt für Rom in Besitz zu nehmen. Heute aber können wir mit Stolz über Britannien sagen, dass es seinen Schrecken verloren hat. Es ist zu einer vorbildlichen Provinz mit steinernen Straßen und Städten wie Londinium und Camulodunum geworden, in denen Latein gesprochen wird und die römische Art zu leben heimisch geworden ist. Aus Barbaren haben wir zivilisierte Menschen gemacht, beinahe Römer. Das verdanken wir tüchtigen Männern wie Falco und den tapferen Soldaten der dort stationierten Legionen, die so weit von der Heimat treu ihren Dienst verrichten. Dieser Grenzwall, der Hadrianswall, schützt diese Errungenschaften gegen die wilden Stämme des Nordens, denen jede Zivilisation fremd ist und die zur römischen Lebensart zu erziehen verschwendete Mühe wäre. So wie mein Vorgänger, Kaiser Trajan, großen Ruhm dadurch erwarb, Krieg zu führen und die Grenzen des Reiches auszudehnen, beabsichtige ich, Ruhm zu erlangen, indem ich diese Grenzen festige und so den Wohlstand des römischen Reiches und seiner Provinzen sichere.«

Er verstummte und abermals erklangen Jubel und Applaus von den Bänken. Senator Vitalis hatte Lucius erklärt, wie die Senatssitzungen abliefen. Früher, zur Zeit der Republik, als der Senat noch selbst die Geschicke des Reiches Roms gelenkt hatte, war hier viel gestritten und diskutiert worden. Heute bestand die größte Aufgabe der Senatoren hingegen darin, sich gegenseitig in Begeisterung für die Worte des Kaisers zu übertreffen und sich beliebt bei ihm zu machen – ob sie nun gut fanden, was er zu sagen hatte, oder auch nicht. Denn er verteilte alle wichtigen Posten: sowohl die öffentlichen Ämter der Stadt wie Prätur und Konsulat als auch die sehr begehrten, da sehr finanziell einträglichen, Statthalterschaften in den Provinzen.

Zum Glück war Kaiser Hadrian ein kluger Mann, der sich von der zur Schau getragenen, überschwänglichen Zuneigung der Senatoren nicht beeindrucken ließ und fähige Personen ernannte, statt diejenigen, die sich am hemmungslosesten bei ihm einschmeichelten. Doch sein Vater hatte Lucius auch von früheren Kaisern erzählt, die ihre Macht weniger klug genutzt hatten. Caligula zum Beispiel, der sein Pferd zum Senator ernannt hatte, um die adligen Männer zu demütigen, oder Nero, über den es Gerüchte gab, er habe die Stadt anzünden lassen, nur damit sie ihm als Kulisse für eine seiner furchtbaren Gesangsvorstellungen diente. Zum Glück waren diese Zeiten vorbei.

Kaiser Hadrian und seine Vorgänger

Publius Aelius Hadrianus, genannt »Hadrian«, regierte das Römische Reich von 117 bis 138 nach Christus. Er ist besonders als Reisekaiser bekannt, der viel im ganzen Reich unterwegs war. Seine Politik war von dem Vorhaben geprägt, die Grenzen des Reiches zu sichern, die unter seinen Vorgängern stark ausgebreitet worden waren. In diesem Zuge befahl er zum Beispiel den Bau des Hadrianswalls, einer Grenzmauer im nördlichen Britannien.

Hadrian war der vierzehnte Mann auf dem Kaiserthron. Die Kaiser vor Hadrian waren sehr unterschiedlich. Während einige klug regierten, verfielen andere ihrer unbeschränkten Macht und wurden geradezu wahnsinnig. *Mehr über den ersten Kaiser Augustus und die Errichtung des Kaisertums erfährst du in Kapitel 24: Augustus – Aufstieg zur Macht.*

Als der erste Konsul die Sitzung schloss, erhoben sich die Senatoren und verließen das Gebäude. Viele blieben noch in kleinen Grüppchen auf dem Forum stehen und unterhielten sich. Lucius fand seinen Vater im Gespräch mit einem jungen Senator.

»Ja, Licinius, dieser Getreidehändler hat ein Lagerhaus unten am Hafen. Dort müssten deine Männer ihn um diese Tageszeit finden.«

Der Mann lachte. »Alles klar, Vitalis, ich schicke meine Männer hin und lasse die Gewichte überprüfen. Wollen wir doch mal sehen, ob dieser Schwindler weiterhin anständige Bürger um ihr Erspartes prellt.«

Senator Vitalis bemerkte Lucius und winkte ihn zu sich heran.

»Hallo Lucius, darf ich dir den Ädil Gaius Licinius vorstellen?«

Der Mann lächelte ihm freundlich zu und Lucius begrüßte ihn. »Ich habe Licinius gerade den Fall meines Klienten Manlius geschildert. Du erinnerst dich doch, der betrogene Bäcker.«

Lucius nickte.

»Ich kümmere mich um den Fall«, sagte der Ädil. »Aber jetzt muss ich leider los, ich habe viel zu tun. Dieses Amt raubt mir noch das letzte bisschen Schlaf.« Er lachte und wandte sich ab.

»Als Ädil hat Licinius viel zu tun«, erklärte sein Vater. »Er und seine fünf Kollegen kümmern sich ein Jahr lang um die Aufsicht der Märkte, die Getreideversorgung, die öffentlichen Gebäude, Straßen und auch um die Kanalisation. Früher hatten sie noch mehr zu sagen, aber heute wird vieles von den kaiserlichen Beamten übernommen. Aber so ist es mit allen öffentlichen Ämtern. Sie haben inzwischen mehr symbolische als tatsächliche politische Bedeutung.«

Lucius nickte. »Weil der Kaiser heute die wahre Macht im Staat innehat, nicht mehr der Senat, oder?«

Lucius' Vater blickte sich um, ob sie jemand hören konnte. Dann fuhr er mit gesenkter Stimme fort: »Ja, Lucius, so ist es. Allerdings sollte man das nicht zu laut sagen. Du weißt ja, seit wir den König Tarquinius Superbus aus der Stadt verjagt haben, sind wir Römer gar nicht gut auf Könige oder andere Alleinherrscher zu sprechen, egal, wie sie sich nennen. Ja, Rom hat heute einen Kaiser, weil das Reich zu groß geworden ist, um es als Republik mit wechselnden Konsuln an der Spitze des Staates zu regieren. Aber das ist nichts Offizielles, mehr ein offenes Geheimnis. Offiziell ist Rom immer noch eine Republik und der Kaiser nennt sich selbst nicht ›Kaiser‹ und erst recht nicht ›König‹. Er nennt sich selbst ›**princeps**‹, das bedeutet ›der Erste‹. Er ist der erste Bürger, der erste Senator, aber offiziell doch ein Erster unter Gleichen. Mit der Realität hat das nicht viel zu tun, aber so ist es leichter mit dem Stolz der Senatoren zu vereinbaren.«

Lucius lachte. »Was für ein albernes Versteckspiel. Jeder weiß doch um die unbeschränkte Macht des Kaisers.«

Sein Vater nickte. »Ja, das ist nicht von der Hand zu weisen. Aber die große Kunst der Politik besteht darin, den Schein zu wahren. Man muss einen Modus finden, mit dem alle gut leben können. Der Kaiser hat seine Macht und der Senat behält seine Würde. So gewinnen alle. Wir leben jetzt seit bald einhundertfünfzig Jahren unter diesem ›albernen‹ System, wie du es nennst, und es funktioniert gut. Warum also etwas ändern?«

Das leuchtete Lucius ein.

Als die Republik nach etwa fünfhundert Jahren endete, gab es wieder Alleinherrscher in Rom. Heute nennen wir sie ›Kaiser‹, doch sie selbst nannten sich ›**princeps**‹, ›der Erste‹. Dies sollte verbergen, dass sie die alleinige Macht innehatten und nicht der Senat. Dieser hatte seine zentrale Bedeutung verloren. Er tagte aber weiterhin und es galt als große Ehre, Mitglied des Senats zu sein.

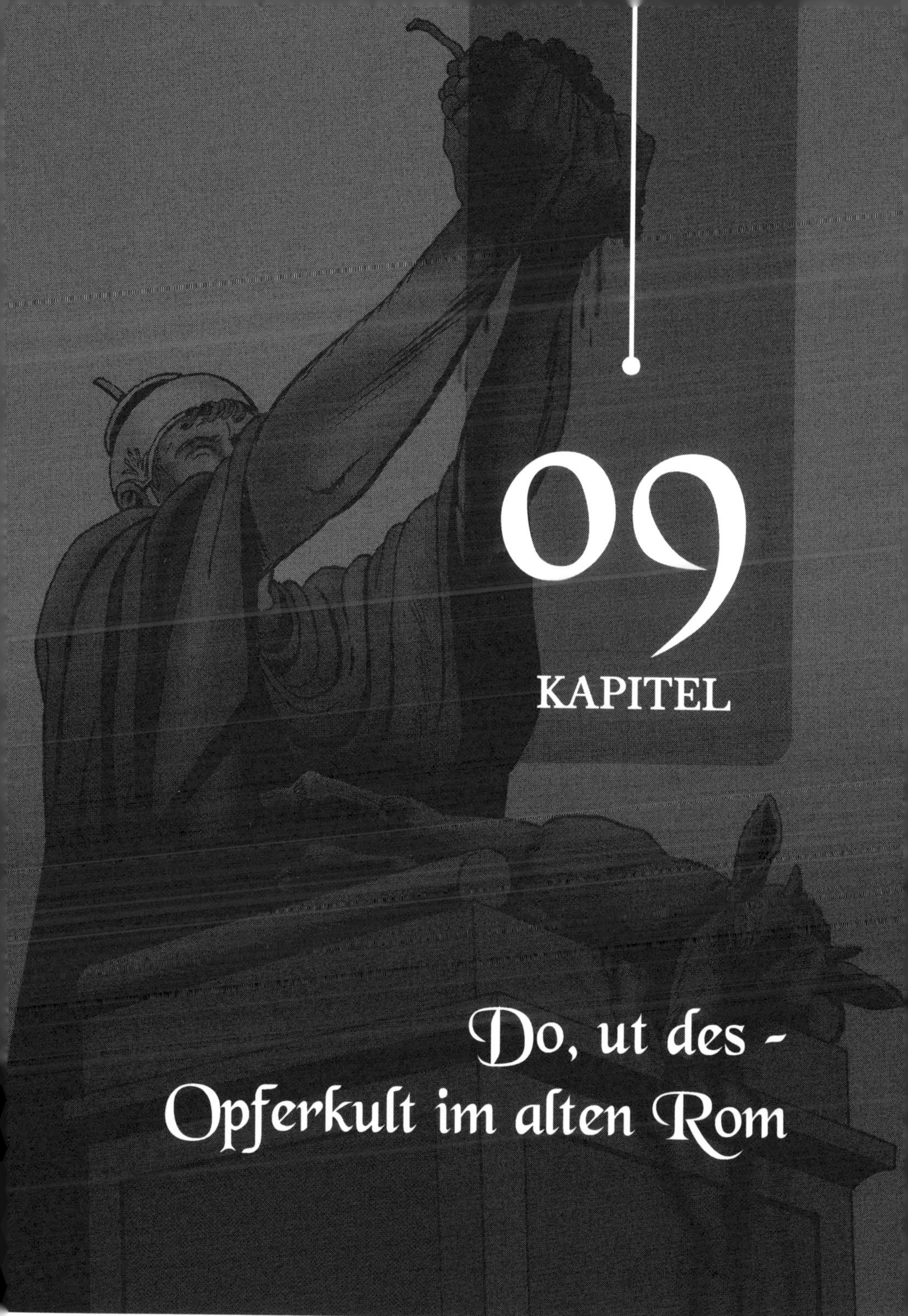

09
KAPITEL

Do, ut des – Opferkult im alten Rom

Die beiden verließen das Forum und stiegen den Kapitolshügel hinauf, dessen steile Flanken das Forum nach Westen hin begrenzten. Sie machten das regelmäßig, um den Göttern ein Opfer für die wohlbehaltene Rückkehr von Lucius' älterem Bruder Marcus darzubringen, der als Militärtribun in Germanien diente. Der Weg zum Kapitol führte durch den Triumphbogen des Kaisers Tiberius, dann um den Saturntempel herum und hinauf in die Senke zwischen den beiden Kuppen des Hügels. Die nördliche Kuppe wurde als **arx** bezeichnet, das bedeutet »Burg«. Diese Kuppe war stark befestigt und von hohen Mauern mit Wehrgängen umgeben. Sie diente der Stadtbevölkerung als letzten Rückzugsort im Falle eines Angriffs auf die Stadt und war gut zu verteidigen. Allerdings war die Gefahr eines Angriffs auf Rom inzwischen verschwindend gering, schließlich erstreckte sich das römische Herrschaftsgebiet viele tausend Meilen in alle Himmelsrichtungen. Welche feindliche Armee sollte es da bis nach Rom schaffen können? Aber Lucius hatte Geschichten aus langer vergangener Zeit gehört, als es in Rom noch nicht so sicher war. Einige Male hatten feindliche Armeen die Stadt bedroht und einmal sogar eingenommen. Das war vor etwa fünfhundert Jahren geschehen, also wirklich schon vor langer Zeit. Die Gallier waren mit einer Armee aus dem Norden gekommen, hatten die Römer besiegt und die Stadt geplündert. Viele Gebäude waren damals abgebrannt. Die Bewohner der Stadt hatten sich in die **arx** zurückgezogen. Aufgrund der hohen Mauern und steil abfallenden Hänge hatten die Gallier diesen kleinen Teil der Stadt nicht erobern können. Es war aber knapp gewesen. Als sie es eines Nachts versuchten, konnte nur das laute Geschnatter der heiligen Gänse, die auf dem Kapitol lebten, die Römer noch gerade rechtzeitig wecken, sodass sie den Angriff zurückschlagen konnten. Schließlich hatten sich die Gallier bereit erklärt, die Belagerung der Stadt im Tausch gegen eine gewaltige Menge Gold zu beenden. Welch eine Demütigung für die stolzen Römer.

Seitdem hatte es keine feindliche Armee mehr bis nach Rom geschafft und so wurde die **arx** heute kaum noch für ihre eigentliche Bestimmung als Burg genutzt.

Die Gallierkatastrophe

Lucius erinnert sich hier an die Geschichte von der Eroberung Roms durch die Gallier im Jahr 387 vor Christus, also über fünfhundert Jahre zuvor. Die Gallier eroberten und zerstörten weite Teile der Stadt. Nur das Kapitol blieb verschont. Dieses Ereignis war ein großer Schreck und viele Generationen von Römern erinnerten sich daran als die »Gallierkatastrophe«. Nach der Gallierkatastrophe schaffte es über achthundert Jahre lang keine feindliche Armee nach Rom. Erst im Jahr 410 nach Christus plünderten die Westgoten die Stadt und machten dieser Erfolgsgeschichte ein Ende.

Die südliche Kuppe des Kapitols hingegen gehörte ganz den Tempeln. Hier war das religiöse Zentrum der Stadt. Den Mittelpunkt des Komplexes bildete der riesige Tempel des **Iuppiter optimus maximus:** Jupiter, der Beste und Größte. Er war der König der Götter, der Gebieter über Blitz und Donner und der Schutzgott der Stadt Rom. In demselben Tempel wurden noch zwei weitere Götter verehrt – oder besser gesagt: Göttinnen. Juno, die Frau des

Jupiters, Königin der Götter, Beschützerin der Ehe und der Frauen, sowie Minerva, die Göttin der Weisheit, des Handwerks und der weisen Kriegsführung.

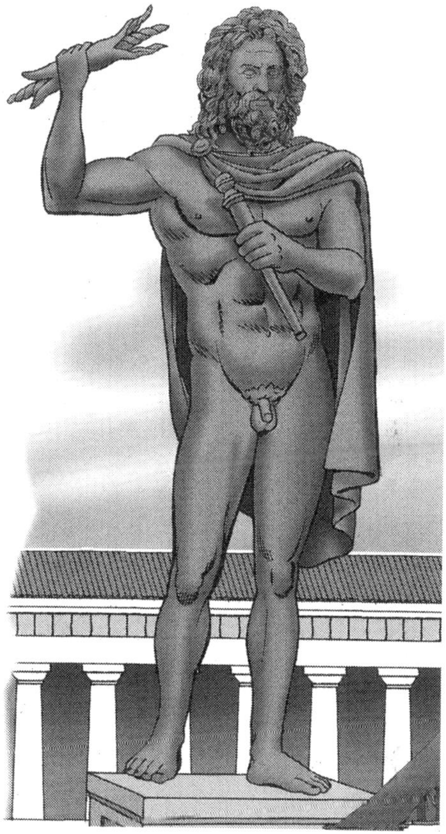

Außerdem standen auf dem Kapitol monumentale Statuen von Göttern und Helden der römischen Geschichte, manche so groß, dass man sie noch von außerhalb der Stadt sehen konnte.

In der Senke zwischen den beiden Kuppen teilte sich der Weg und Lucius und sein Vater stiegen zur südlichen Kuppe hinauf. Lucius war immer wieder aufs Neue überwältigt, wenn die letzte steile Steigung überwunden war und der Kapitolstempel in seiner ganzen Pracht vor ihm auftauchte. Sein Giebel wurde von dicken marmornen Säulen getragen, das Dach und die Türen waren vergoldet und reflektierten grell das Sonnenlicht. Es sah aus, als strahle die Macht des Jupiters selbst aus dem Gebäude. Auf der

Spitze des Giebels erhob sich wie eine Krone eine große goldene Quadriga, ein Wagen von vier sich aufbäumenden Pferden gezogen. Auf dem Wagen stand eine Abbildung des Gottes selbst. Eine flache Treppe führte zum Podest des Tempels hinauf. Unmittelbar vor den Toren des heiligen Bezirks hatten zahlreiche Händler ihre Stände aufgeschlagen und boten Opfertiere an. Natürlich wollte jeder dem Gott Jupiter ein angemessenes Opfer darbringen, um vor ihm nicht als Geizhals dazustehen. Das Angebot war vielfältig: Von kleinen Vögeln über Hähne, Schafe, Ziegen und Schweine bis hin zu großen Ochsen gab es alles zu erwerben. Am teuersten waren die schneeweißen Bullen, wie sie von siegreichen Feldherren bei Triumphzügen durch die Stadt geführt wurden, um sie schließlich hier, am Tempel des Jupiters, zum Dank für den errungenen Sieg zu opfern. Der purpurne Streifen an der Toga von Lucius' Vater, der ihn als Senator auswies, erregte die Aufmerksamkeit gleich mehrerer Händler, die ein gutes Geschäft mit dem wohlhabenden Senator witterten. »Herr«, sprach einer ihn an, »wollt Ihr ein Opfer darbringen? Ein Schaf vielleicht? Ich mache Euch einen ausgezeichneten Preis.«

Darauf erhob sich wildes Geschrei von mehreren Seiten, als andere Händler versuchten, ihrerseits auf sich aufmerksam zu machen.

Senator Vitalis ließ den Blick über die Auswahl an Opfertieren streifen. »Wie viel für die kleine Ziege?«, fragte er und zeigte auf das braune Tier, das in einem Holzkäfig stand.

Der Händler gestattete sich ein Lächeln, da der Senator auf sein Angebot angesprungen war. »Sie überlasse ich Euch für 40 Denar, Herr.«

Senator Vitalis lachte. »40 Denar? Ihr wollt mich wohl ruinieren! Ich gebe Euch 30 und damit macht Ihr noch guten Gewinn.«

Der Händler neigte den Kopf: »Also gut, 33 und er gehört Euch.« Vitalis willigte ein.

Die vereinbarte Menge Gold wurde bezahlt und der Händler holte die Ziege aus dem Käfig. Ihre Hörner waren abgefeilt, sodass sie damit niemandem wirklich schaden konnte, trotzdem zappelte sie und trat wild um sich. Senator Vitalis packte das Tier mit festem Griff im Nacken und nach einiger Zeit fügte es sich seinem Schicksal und wurde ruhiger, sodass man ihm einen Führstrick umlegen konnte.

Lucius und sein Vater betraten den heiligen Bezirk durch das Tor und wurden sogleich von einem Priester empfangen. »Senator Vitalis, welche Freude«, grüßte er schmeichlerisch. »Und euer Sohn, Lucius, nicht wahr?«

Lucius nickte. »Sei gegrüßt«, antwortete Lucius' Vater, »wir möchten Jupiter, den Besten und Größten, um Schutz für meinen ältesten Sohn in Germanien erbitten. Er heißt wie ich, Marcus Fabius Vitalis, und dient als Militärtribun in der dreißigsten Legion **Ulpia Victrix**. Wir haben diese Ziege erworben, um sie dem Gott als Opfer zu bringen.«

Der Priester nickte und begutachtete das Tier, das sich in Senator Vitalis Griff wand. »Es ist eine schöne Ziege, die Jupiter gern annehmen wird.« Er beugte sich zu Lucius hinunter. »Weißt du, wie es funktioniert?«, fragte er ihn.

»**Do, ut des**. Ich gebe, damit du gibst.«

Der Priester nickte langsam. »Sehr richtig, ich gebe, damit du gibst. Ein Opfer schafft einen bindenden Pakt zwischen dem Menschen, der es darbringt und dem Gott, der es annimmt. Ich, der Mensch, gebe das Opfer, er, der Gott, muss etwas zurückgeben. Glück beim Würfeln, ein langes Leben, Genesung von einer Krankheit oder Schutz für das Leben deines Bruders.« Er richtete sich wieder auf und nahm Senator Vitalis den Strick der Ziege aus den Händen. Gemeinsam gingen sie zum Altar, der sich auf dem Platz vor dem Tempel befand. Den Tempel selbst und ganz besonders sein Innerstes, die Kultkammer, in der die Statue des Gottes stand, durften nur die Priester betreten.

Der Priester legte die junge Ziege auf den Altar und bedeutete Lucius und seinem Vater, sie dort festzuhalten. Dann streckte er sich und hob die Handflächen zum Himmel. »**Iuppiter optimus maximus**, Bester und Größter der Göttlichen, Gebieter über Blitz und Donner, Himmel und Erde, höre uns an. Deine Macht ist groß, du führtest die Soldaten Roms zu Siegen und Ehre, du schenktest ihnen Mut und Tapferkeit. Vor dein Angesicht treten heute Senator Marcus Fabius Vitalis und sein Sohn Lucius. Senator Vitalis ist ein frommer Mann, der schon viele Male deine Hilfe erbeten und schon viele wertvolle Gaben geopfert hat. Er gibt dir diese Ziege und erbittet dafür deinen Schutz für seinen ältesten Sohn, der denselben Namen trägt wie er und als Militärtribun in der dreißigsten Legion tapfer dient. Er verspricht, auch zukünftig Treue und Frömmigkeit dir gegenüber zu üben und weiterhin Opfer zu bringen.«

Er ließ die Hände sinken und tauchte sie in einen Bottich mit klarem Wasser, der auf dem Altar stand. Die silberne Klinge des Opfermessers blitzte in der Sonne, als der Priester sie hoch über den Kopf hob. Lucius verfolgte, wie sie den höchsten Punkt erreichte und dann schnell auf den Hals des Opfertieres zuschoss. Ein letztes Meckern blieb dem Tier im Halse stecken. Lucius schloss die Augen und spürte, wie die Ziege sich ein letztes Mal zusammenkrampfte. Er ließ das tote Tier los, das jetzt Jupiter gehörte.

Der Priester wischte das Messer mit einem Tuch sauber und legte es wieder neben den Wasserbottich. »Der Gott hat das Opfer angenommen«, verkündete er. »Euer Sohn steht unter seinem Schutz.« Senator Vitalis nickte dankbar, nahm das tote Tier, trug es zu einem der Feuerbecken und legte es hinein. Die orange züngelnden Flammen verschlangen das Tier und dunkler Rauch stieg in einer geraden Linie zum Himmel empor, hinauf zu Jupiter, dessen natürlicher Herrschaftsbereich der Himmel war. Einige Zeit lang schauten die drei schweigend auf die Rauchsäule, dann schließlich wandte sich Senator Vitalis ab. »Es ist wichtig, sich in Ehrfurcht vor den Göttern zu üben, Lucius«, sagte sein Vater seinem Sohn und schaute ernst drein. »Sie lenken unser Schicksal mehr, als manche Menschen glauben.«

Der Priester nickte zustimmend. »Besonders Jupiter hat Macht über die Männer, die ihm opfern, und auch über jene, die es nicht tun. Man hat es deutlich leichter im Leben, wenn man in seiner Gunst steht.«

»Würden Sie meinem Sohn etwas mehr über die Götter und besonders die Geschichte des Jupiters erzählen, um ihm das klarer zu machen? Es ist mir wichtig, dass er sich für seine weitere Laufbahn der Macht der Götter und unseren Verpflichtungen ihnen gegenüber bewusst ist«, fragte Senator Vitalis.

Der Priester lächelte. »Gern. Es ist mir immer eine Freude, wenn sich junge Menschen für unsere Religion interessieren.«

Opfer für die Götter

Die Religion der Römer war stark vom Opferkult geprägt. Dieser folgte der Grundregel »**do, ut des**«: Ich gebe, damit du gibst. Der Gott, dem geopfert wurde, war also zu einer Gegenleistung verpflichtet. Geopfert wurden Tiere, Lebensmittel oder Gegenstände. Menschenopfer gab es bei den Römern aber nicht. Sie sahen das als einen wichtigen Unterschied zwischen sich selbst und den »Barbaren« außerhalb des Reiches.

10

KAPITEL

Von Göttern und Titanen

Der Priester setzte sich mit Lucius auf die Stufen des Jupitertempels, wo der Schatten die Hitze etwas erträglicher machte. »Ich möchte ganz am Anfang beginnen.«, sagte er. »Am Anfang war das Chaos. Das ganze Universum war davon erfasst und es gab keine Ordnung. Ich könnte sagen, eines Tages änderte sich das, aber das würde nicht stimmen, denn es gab keine Tage. Die Unterscheidung von Tag und Nacht ist ein Prinzip der Ordnung, das erst viel später erstand. Im Chaos gab es für solche Kategorien keinen Platz. Also nicht eines Tages, aber doch irgendwann formten sich die ersten Prinzipien der Ordnung aus dem Chaos: als erstes die Erde Tellus, von den Griechen ›Gaia‹ genannt, und das Totenreich, der Tartarus. Diese Prinzipien bestehen bis heute. Die Erde siehst du überall um dich herum und in den Tartarus steigen die Seelen der Verstorbenen hinab. Dort setzt sie Charon, der Fährmann, über den Fluss Styx, der die Grenze zum Totenreich markiert, und sie verschwinden für immer aus der Welt der Lebenden.

Weiterhin entstanden Nox, die Nacht, Erebus, die Finsternis, und Amor, die Liebe. Tellus, die Erde, schuf aus sich selbst heraus Uranus, den Himmel, und Pontus, das Meer. Damit war aus dem Chaos die Welt entstanden, als Insel der Ordnung. Diese ersten Götter sind nicht so menschenähnlich wie viele ihrer Nachkommen, sondern sie verkörpern die grundsätzliche Ordnung der Dinge: Erde, Meer, Himmel, Totenreich. Tellus und Uranus, Erde und Himmel, schufen dann gemeinsam die Titanen, die ersten Herrscher der Welt. Es gab zwölf von ihnen und der Mächtigste von ihnen, die Griechen nannten ihn ›Kronos‹, der Gebieter über die Zeit, wird von uns Römern ›Saturn‹ genannt und bis heute verehrt.«

Lucius unterbrach die Erzählung des Priesters. »Sein Tempel steht unten auf dem Forum, nicht wahr?«

»Ja«, sagte der Priester, »es ist der größte Tempel auf dem Forum und einer der ältesten in Rom. Aber aus gutem Grund steht er dort unten und der Tempel des Jupiters thront hier über ihm, wie du gleich erfahren wirst.«

Lucius lauschte gespannt.

»Die Titanen herrschten über die Welt, als die ersten Menschen und Tiere entstanden und sie das Land, das Meer und schließlich auch den Himmel zu bevölkern begannen. Und die Titanen hatten Kinder miteinander. Saturn hatte mit seiner Gemahlin Ops, die Griechen nennen sie ›Rhea‹, die meisten göttlichen Kinder, drei

Töchter und drei Söhne. Ich werde im Folgenden ihre römischen Namen verwenden, aber sie alle haben auch griechische Namen und wurden schon von den Griechen verehrt. Die älteste Tochter war Vesta, die Göttin des Herdfeuers. Bestimmt kennst du ihren runden Tempel unten auf dem Forum, in dem ihre Priesterinnen, die Vestalinnen, das heilige Feuer bewahren. Dann kam Ceres, die Göttin der Fruchtbarkeit und des Ackerbaus. Viele Bauern opfern ihr zu Beginn des Frühlings und bitten um reiche Ernten. Danach wurde Juno geboren, die Göttin der Ehe und Geburt. Auch sie wird in diesem Tempel verehrt.« Er deutet hinter sich, die Stufen des Kapitolstempels hinauf. »Dann kam Pluto, der Gott, der über das Totenreich herrscht, aber auch der Gott des Reichtums. Das fünfte Kind war Neptun, der Gott des Meeres. Man erkennt ihn stets an seinem Dreizack. Er besitzt die Macht, große Stürme auf See heraufzubeschwören, und er gebietet über die Ungeheuer, die in der dunklen Tiefe des Ozeans leben. Die Seefahrer erzählen sich schaurige Geschichten über große Kraken und fürchten ihren Herrn Neptun. Aber Saturn war alles andere als ein liebevoller Vater. Er hatte Angst, eines seiner Kinder könne ihn stürzen und ihm die Herrschaft entreißen, wie er selbst es einst mit seinem Vater Uranus getan hatte. Deshalb verschlang er jedes seiner Kinder, kurz nachdem sie geboren worden waren, sodass sie ihm nicht mehr gefährlich werden konnten.«

Lucis stutzte. »Er hat seine Kinder gegessen?«

Der Priester gestattete sich ein Lächeln. »Ja, es klingt barbarisch, aber so waren die Titanen. Auf jeden Fall gebar Ops schließlich noch ein sechstes Kind, Jupiter. Sie tat das versteckt in einer Höhle und statt des Kindes präsentierte sie Saturn nur einen in Tücher gewickelten Stein. Dieser bemerkte den Unterschied nicht und verschlang den Stein in dem Glauben, auch vor seinem jüngsten Sohn sicher zu sein.

Doch Jupiter hatte schon als kleines Kind ungeheure Macht. Die Bienen, die in der Höhle lebten, träufelten ihm Honig in den Mund und so wuchs der Knabe schnell heran und als er hörte, was geschehen war, beschloss er, seine Geschwister aus dem Bauch des Saturn zu befreien. Wie du sicher weißt, sind Götter unsterblich und so hatten die fünf Geschwister überlebt, waren aber gefangen. Mit einer List brachte Jupiter seinen Vater dazu, als erstes den Stein, dann seine fünf Geschwister auszuspeien. In einem zehn Jahre währenden Kampf kämpften die Götter gegen die Titanen und schließlich entschied sich der Kampf, als die Zyklopen, ein Volk von Riesen mit nur einem großen Auge, das in der Unterwelt lebt, eine mächtige Waffe für Jupiter schmiedeten: die **fulmina**, den Donnerkeil, mit dem er Blitze schleudern kann.« Der Priester zeigte nach oben zur großen Jupiterstatue auf der Quadriga, hoch oben auf dem Dach des Tempels. »Dort, siehst du den Donnerkeil? Er hält ihn in der erhobenen Hand, bereit mit Blitzen zu schleudern. Oft sieht man das grelle Zucken seines Zorns und den tosenden Donner am Abend, wenn ein Gewitter über die Stadt zieht.«

Erst vor ein paar Tagen, oben auf dem Landgut in den Albaner Bergen, hatte es heftig geregnet und gewittert. Lucius erinnerte sich lebhaft an den ohrenbetäubenden Knall des Donners.

»Mit der **fulmina** gelang es Jupiter, die Titanen zu besiegen und er verbannte sie in die Tiefen des Tartarus, der Unterwelt, sodass sie nie wieder auf die Welt hinaufsteigen können. Von diesem Tage an herrschten die Götter über die Erde und sie machten den Ort ihres Sieges über die Titanen, den Berg Olymp in Griechenland, zu ihrem Sitz. Deshalb nennen wir sie auch die olympischen Götter.

Die wichtigsten Götter bilden den Rat der zwölf Olympier. Vier von ihnen habe ich dir schon genannt: Ceres, Juno, Neptun und natürlich Jupiter. Vesta und Pluto gehören nicht zu diesem Kreis. Vesta hat ihren Platz an Bacchus abgegeben, den Gott des Weins, des Rausches und der Vergnügungen. Pluto war nie Teil des Rates, denn sein Thron steht in der Unterwelt. Kennst du die restlichen acht Göttinnen und Götter?«

Lucius überlegte. »Minerva«, schlug er vor. »Sie hat doch auch eine Kultkammer in diesem Tempel.«

»Ganz genau«, antwortete der Priester. »Sie wird auch hier verehrt. Ihre Zuständigkeiten sind die Weisheit, das Handwerk und die Kriegsführung. Gemeinsam mit Jupiter und Juno ist sie eine der Hauptgöttinnen des Reiches. Der Legende nach ist sie die Tochter des Jupiters. Aber sie wurde nicht von seiner Frau Juno geboren, sondern entsprang dessen Kopf. Eine seltsame Geschichte, nicht wahr? Aber das erklärt ihre große Weisheit. Kennst du die Kinder des Jupiters mit seiner Frau?«

Lucius kannte sie: »Mars und Vulcanus.«

Der Priester war beeindruckt. »Sehr gut, das stimmt. Die beiden Brüder haben aber nicht das beste Verhältnis miteinander. Mars ist der Gott des Krieges und der Gewalt, er kann ziemlich gemein sein. Vulcanus lebt unter dem Vulkan Ätna auf der Insel Sizilien in seiner Schmiede. Er ist der Gott der Schmiedekunst und wenn er den Hammer schwingt, spuckt der Ätna Lava und Feuer.

So, jetzt fehlen uns noch vier Götter bis zur zwölf, nicht wahr? Einer von ihnen ist Mercurius, der Götterbote. Er ist der Sohn des Jupiters und einer Nymphe und mit seinen Flügelschuhen ist er schneller als alle anderen Götter. Er verkündet überall die Befehle des Jupiters. Außerdem ist er der Gott der Händler ebenso wie der Diebe.« Der Priester lachte. »Eine seltsame Kombination, nicht wahr? Wobei, wenn ich mir diese Geizhälse da vorn vor dem Tor anschaue, die die Opfertiere verkaufen, da scheint mir der Grat zwischen Händler und Dieb tatsächlich ein sehr schmaler zu sein.«

Jetzt musste auch Lucius lachen. »Das stimmt. Meine Schwester hat eine kleine Holzfigur von Diana, sie gehört auch zu den zwölf olympischen Göttern, oder?«

»Ja, sie und ihr Zwillingsbruder Apollo. Sie sind ebenfalls Kinder des Jupiters, aber auch sie haben eine andere Mutter. Du siehst, Jupiter fällt nicht gerade als der treueste Ehemann auf. Aber als König der Welt muss er das wohl auch nicht. Diana ist die Göttin der Jagd, der Mädchen und des Mondscheins, ihr Bruder Apollo hingegen ist der Gott des Bogenschießens, der Heilung und der Künste, ganz besonders der Musik.«

Lucius zählte an den Fingern. »Neun, zehn, elf... Ein Gott oder eine Göttin fehlt noch.«

»Der Priester lächelte. Die Göttin, die noch fehlt, hat nach Jupiter vielleicht die größte Macht über die Menschen: Venus, die Göttin der Liebe, der Schönheit und der Begierde. Es gibt wohl keinen Menschen, der sich ihrem Einfluss entziehen könnte.«

Die Götter

Der Sage nach erkämpften die olympischen Götter ihre Herrschaft von den Titanen. Sie sind nach ihrem Sitz benannt – dem Berg Olymp im Norden Griechenlands. Die Vorstellung davon, was einen Gott ausmacht, unterscheidet sich zwischen den Römern und den heute verbreiteten Ideen sehr stark. Für die Römer waren die Götter unsterblich und hatten übermenschliche Kräfte. Sie hatten aber eine menschliche Gestalt, menschliche Gefühle und konnten auch direkt mit Menschen in Kontakt treten oder sogar Kinder mit ihnen bekommen – sogenannte Halbgötter. Sie waren aber nicht allwissend, allsehend oder allmächtig, wie dies heute meist von Gott angenommen wird. Die Götter Jupiter, Juno und Minerva hatten besondere Bedeutung für die römische Staatsreligion. Sie wurden auf dem Kapitol verehrt und deshalb auch »Kapitolinische Trias« genannt.

11 KAPITEL

Hoch leben die Roten! - Wagenrennen im Circus Maximus

Der Lärm der Menge war ohrenbetäubend. Lucius und Fabia saßen mit ihrem Vater und ihrer Mutter dicht gedrängt auf der Tribüne, die den Senatoren und ihren Familien vorbehalten war. Etwa dreißig Schritt rechts von ihnen befand sich die Loge, an deren Brüstung gerade Hadrian, der Kaiser, erschienen war und mit ausgestreckter Hand die Huldigung seiner Untertanen entgegennahm. Die Ränge des Circus Maximus waren voll besetzt. Aus zweihundertfünfzigtausend Kehlen drang Jubel und es klang, als wäre die ganze Stadt hier versammelt. Der Kaiser senkte die Hand und langsam verstummte das Geschrei.

»Jetzt geht es gleich los«, raunte Senator Vitalis seinen Kindern zu. »Ich bin mir sicher, dass das zweite Gespann der Roten das erste Rennen gewinnen wird. Einer meiner Klienten arbeitet in ihren Ställen. Er hat mir versichert, dass die Tiere top in Form sind.«

»Du hast doch nicht etwa wieder Geld auf sie gewettet, oder Marcus?«, fragte Quintilla entsetzt.

Der Vater lachte. »Nur zehn Denar, meine Liebe.«

Sie schnaubte. »Ich habe dir schon hundertmal gesagt, dass du das lassen sollst. Du verlierst ja doch jedes Mal.«

Ihr Streit wurde von der Fanfare der Bläser unterbrochen, die auf der **spina**, dem länglichen Podest in der Mitte der Rennbahn, standen. An beiden Enden der **spina** erhoben sich große Obelisken in den blauen Himmel, die man über das Meer aus dem fernen Ägypten hergebracht hatte. Die Bläser spielten eine schnelle, aufsteigende Tonfolge. Gespannte Stille senkte sich über den Circus. An der geraden Kopfseite des Bauwerks befanden sich die zwölf hölzernen Startboxen, in denen die Gespanne warteten. Die Anspannung der Tiere und Wagenlenker war mit Händen zu greifen. Ganz links standen die drei Gespanne der Weißen, dann die der Blauen, der Grünen und schließlich der Roten. Die vier Renngesellschaften blickten auf eine lange Tradition zurück. Es waren große Unternehmen mit riesigen Stallungen, Zweigstellen in allen Städten des Reiches, in denen es eine Wagenrennbahn gab und tausenden von Anhängern. Später am Tag, wenn die Zuschauer schon zu viel Wein getrunken hatten, kam es oft zu Schlägereien zwischen den Anhängern der verschiedenen Renngesellschaften und einige Tavernen in der Umgebung des Circus Maximus bewirteten exklusiv die Anhänger einer Farbe.

Die Pferde scharrten nervös mit den Hufen über den staubigen Sand und die Wagenlenker vergewisserten sich, dass ihre Zügel ordentlich um ihre Unterarme gebunden waren. Dann, ganz plötzlich, surrten die Seile der Konstruktion und die vier Tore vor den Boxen schwangen waren zeitgleich auf. Sofort knallten die Peitschen der Wagenlenker laut auf die Rücken der Pferde und mit einem Ruck setzten sich die Gespanne in Bewegung, als die Pferde in einen synchronen Galopp fielen. Die Zuschauer hielt es nicht auf den Plätzen. Sie sprangen auf, reckten die Fäuste in die Höhe und schrien laute Anfeuerungsrufe hinaus. Von einer Sekunde auf die andere war aus der gespannten Stille ein tosendes Meer von Stimmen geworden. Auch Lucius und Fabia sprangen auf, um besser sehen zu können, und verfolgten gebannt die Bahn der Gespanne, die durch die Rennbahn auf sie zu donnerten. Zunächst lagen sie etwa alle gleichauf. Kurz bevor sie die Wende am Kopfende der Bahn erreichten, verringerten die Gespanne ihr Tempo und bogen um die enge Kurve. Der Wagenlenker eines weißen Gespanns riss allerdings zu heftig an den Zügeln, sodass eines seiner Pferde aus dem Tritt kam und stolperte. Der Wagen flog aus der Kurve, krachte in ein weiteres Gespann der Weißen, das dicht neben ihm fuhr. Holz zerbarst, Splitter flogen durch die Luft und Pferde wieherten panisch. Dann kamen beide Gespanne abrupt zum Stehen, als sie mit der Seitenmauer zusammenstießen. Ein Stöhnen ging durch die Arena, als die Anhänger der Weißen realisierten, dass zwei ihrer drei Gespanne schon in der ersten Runde ausgeschieden waren. Manche warfen zornig die jetzt wertlosen Tonscherben, die sie von den Buchmachern als Nachweis für eine Wette auf einen Sieg der Weißen erhalten hatten, auf den Boden. Die Anhänger der anderen Renngesellschaften lachten höhnisch und johlten. Auch Senator Vitalis stand das Lächeln im Gesicht. »Ein hervorragender Start! Das rote Gespann liegt schon fast eine Länge in Führung.« Er deutete auf die Wagen, die gerade die erste Runde vollendet hatten und am anderen Ende der Arena neuerlich in die Wende gingen. Der erste der sechs großen marmornen Delfine auf der Mitte der spina wurde abgesenkt, um so das Vollenden der ersten Runde anzuzeigen.

So ging es weiter. In der dritten Runde drängte ein Wagenlenker der Grünen ein Gespann der Blauen in die Bande und ein Gespann der Roten zerlegte sich ohne fremden Einfluss selbst, als ein Wagenrad brach. Ein Wagenlenker der Grünen schlug mit seiner Peitsche statt seine Pferde auch den Wagenlenker des letzten verbliebenen weißen Gespanns, als dieses zur Überholung ansetzte. Der Mann wurde daraufhin aus dem Wagen gerissen und an den Zügeln noch einige Meter durch den Sand geschleift, ehe es ihm gelang, sie mit dem Dolch, den er trug, zu durchtrennen. Dieser Vorgang rief bei den Anhängern der Weißen zornige Empörung hervor und nicht wenige gingen auf Anhänger der Grünen los. Als der sechste Delfin abgesenkt wurde, hatten nur noch zwei Gespanne realistische Aussichten auf den Sieg: das erste Gespann der Blauen und das zweite Gespann der Roten, auf das Lucius' und Fabias Vater sein Geld gesetzt hatte. Begeistert stand er auf seinem Sitz und feuerte den Wagenlenker an: »Los, schneller! Zeig ihm, wer die besseren Pferde hat!«

Quintilla schaute ihren Mann entsetzt an. Scheinbar war sie der Meinung, derart derbes Verhalten gezieme sich so gar nicht für einen Senator von Rang und Namen. Auch Lucius war begeistert. Als die Gespanne auf die letzte Wende einbogen, hatte das rote etwa eine Wagenlänge Vorsprung. Die Pferde galoppierten schnell und legten sich schräg in die Kurve. Das Publikum jubelte. Das Pferd ganz links war stets das erfahrenste und beste Pferd eines Gespanns, das Leitpferd. Es lief in der Wende ganz innen und musste so den engsten Bogen schaffen. Doch genau dieser Herausforderung war das Leitpferd des roten Gespanns nicht gewachsen. Im Scheitelpunkt der Kurve gelang es ihm nicht, die enge Bahn zu halten und es drückte gegen das Pferd rechts von ihm. Dieses kam daraufhin aus dem Tritt und der Wagen kam für einen kurzen Moment ins Schlingern. Senator Vitalis sog scharf die Luft ein und starrte mit großen Augen hinunter auf das Geschehen. Seine Hand ballte sich zu einer Faust um die Tonscherbe, auf der sein Einsatz vermerkt war. Die Tiere waren nicht mehr in der Lage die enge Kurve zu nehmen und der Wagenlenker musste fest an den Zügeln ziehen, um sie abzubremsen, damit sie nicht gegen die bereits gefährlich nahe gekommene Wand fuhren. Der Lenker des blauen Wagens nutzte den Fehler seines Gegners geistesgegenwärtig, zog innen an ihm vorbei und bog auf die Zielgerade ein. Wenige Sekunden später war das Rennen vorüber.

»Verdammt!«, stieß Vitalis aus. »So knapp! Dieser elende Gaul hat mich zehn Denar gekostet.« Er warf die Tonscherbe auf den

Boden, wo sie in hundert Stücke zersprang. »Der Klient, der mir diesen bescheuerten Tipp gegeben hat, kann sich nachher was anhören!«

Quintilla lächelte selbstgefällig. »Ich hoffe, das ist dir eine Lehre, es beim nächsten Mal gleich sein zu lassen.«

Unter dem Jubel der blauen Anhänger drehte der Sieger eine Ehrenrunde und kurz darauf stieg er in die kaiserliche Loge hinauf, um aus den Händen Hadrians den Siegerzweig zu erhalten.

»Was für ein elender Wichtigtuer«, ätzte Lucius' und Fabias Vater, der den Geldverlust immer noch nicht verwunden hatte. »Ein Sklave als Held der Masse. Das ist so unwürdig.«

Lucius grinste. Alle Wagenlenker waren Sklaven und hätte der Lenker der Roten den Zweig aus den Händen des Kaisers erhalten, wäre das Urteil seines Vaters sicher wohlwollender ausgefallen. Aber Gerechtigkeit hatte im Circus keinen Platz. Hier regierten einzig und allein die Emotionen.

Die Wagenrennen

Wagenrennen spielten eine wichtige Rolle als gesellschaftliche Events im alten Rom, an denen alle sozialen Schichten teilhatten. Dem Kaiser dienten sie als wichtige Bühne, sich dem Volk zu präsentieren und sich durch aufwendige Spiele beliebt zu machen. Die vier Rennställe, benannt nach ihren Farben, waren große und traditionsreiche Unternehmen, die über Jahrhunderte bestanden. Ähnlich wie heute bei Fußballvereinen hatten sie eine große Fangemeinde, vor allem bei den einfachen Leuten. Auch das Wetten auf die Gewinner war sehr üblich. Nicht wenige verloren ihr letztes bisschen Geld im Circus.

12

KAPITEL

Hannibal ad portas - die Punischen Kriege

Am nächsten Morgen saßen Lucius und Fabia in der Schule. Die ersten beiden Stunden hatten sie damit zugebracht, rechnen zu üben. Als Zahlenzeichen wurden Buchstaben genutzt: I entsprach der Eins, V der Fünf, X der Zehn, L der Fünfzig und C der Hundert. Um all die anderen Zahlen zu erhalten, konnte man die Zeichen kombinieren. So bedeutete II zwei mal eins, also zwei. III entsprach drei Mal der Eins, also drei. IV war fünf minus eins, also vier und VI fünf plus eins, also sechs. Mit den größeren Zahlen funktionierte es genauso: XL entsprach fünfzig minus zehn, also vierzig und LX fünfzig plus zehn, also sechzig. Die Schülerinnen und Schüler hatten die Anzahl der Jahre seit einigen Ereignissen aufgeschrieben. Seit der aktuelle Kaiser regierte, waren es erst drei Jahre, das war leicht: III. Seit der Eröffnung des Amphitheatrum Flavium waren sechsundvierzig Jahre vergangen: XLVI. Die Ermordung von Julius Caesar war schon länger her, nämlich einhundertsiebzig Jahre. Da war Fabia schon sehr ins Grübeln gekommen, aber schließlich hatte sie die richtige Zahl in ihre Wachstafel geritzt: CLXX. Gerade fragte Linos, der Lehrer, nach der nächsten Jahreszahl: der Alpenüberquerung des Hannibal. Niemand wusste, wie lange das her war und so verriet Linos es ihnen: dreihundervierundvierzig Jahre. Fabia überlegte: Dreihundert, also CCC. Dann vierzig, XL. Zum Schluss die Vier, fünf minus eins, IV: CCCXLIV. Sie meldete sich und gab die Antwort.

»Sehr gut, Fabia«, lobte Linos sie. »Du hast ein richtiges Talent für Zahlen. Ganz anders als dein Bruder.«

Römische Ziffern

Noch heute werden die römischen Ziffern oft benutzt – zum Beispiel bei Uhren oder Inschriften an Gebäuden. Hier sind sie noch einmal zusammengefasst:

I:	1
V:	5
X:	10
L:	50
C:	100
D:	500
M:	1000

Aus diesen Symbolen lassen sich alle Zahlen von 1 bis 3999 kombinieren, indem bis zu drei gleiche, aufeinanderfolgende Symbole addiert werden (zum Beispiel XXX = 30) und kleinere von größeren Zahlen abgezogen werden, wenn die kleinere vor der größeren Zahl steht (zum Beispiel IX = 10 - 1 = 9).

Lucius starrte verständnislos auf die vielen Buchstaben. Er hasste Rechnen. »Dafür weiß ich, wer Hannibal war«, platzte er heraus.

Linos lachte. »Nun mal nicht so beleidigt, junger Mann. Du wirst dich schon noch in die Welt der Zahlen einfinden. Aber du hast recht, für heute soll das genug Mathematik gewesen sein. Euch rauchen ja schon die Köpfe. Eure Eltern finden es sicher auch wichtig, dass ihr euch gut in der Geschichte Roms auskennt. Da wir also gerade bei Hannibal waren, meinetwegen. Was weißt du denn über ihn, Lucius?«

»Mein Vater hat mir erzählt, dass er Rom so sehr gehasst hat, dass er schon als kleiner Junge geschworen hat, niemals ein Freund Roms zu sein. Als er älter war, hat er einen langen Krieg geführt und hätte fast Rom eingenommen, aber wir haben ihn zurück über das Meer gedrängt und besiegt!«, platzte er heraus.

Linos kicherte. »Ja, für viele Römer ist er bis heute eine Art Schreckgespenst, sogar eine Hassfigur. Ich, als Grieche, habe da ein etwas entspannteres Verhältnis zu ihm. Aber es stimmt, ein Freund Roms war er wahrlich nicht. Aber ich möchte euch die ganze Geschichte erzählen, von vorn.

Ereignis	Jahreszahl in moderner Zeitrechnung	Jahreszahl in römischer Zeitrechnung	Jahreszahl in römischen Ziffern (AUC)
Handlung dieses Buches	126 n. Chr.	879 AUC	DCCCLXXIX
Eröffnung des Kolosseums	80 n. Chr.	833 AUC	DCCCXXXIII
Ermordung von Julius Caesar	44 v. Chr.	710 AUC	DCCX
Alpenüberquerung Hannibals	218 v. Chr.	536 AUC	DXXXVI

Versuch doch selbst mal, dein Geburtsjahr oder das heutige Datum in römischen Zahlen zu schreiben!

Die Karthager, viele Römer nennen sie auch ›Punier‹, waren ein altes und mächtiges Volk von Seefahrern. Die Kriege, von denen ich euch erzählen werde, heißen die ›Punischen Kriege‹. Die punischen Handels- und Kriegsschiffe durchstreiften das ganze westliche Mittelmeer und sie waren die unangefochtenen Herrscher dieses Meeres. Ihre Hauptstadt Karthago befand sich an der Nordküste Afrikas und hatte den größten Hafen der damaligen Zeit, geschützt von mächtigen Mauern.

Damals, es ist schließlich schon über dreihundert Jahre her, wie wir gerade gelernt haben, beherrschten die Römer noch nicht den ganzen Mittelmeerraum, sondern nur die italienische Halbinsel. Zum Objekt des Streits zwischen der aufstrebenden Landmacht Rom und der mächtigen Seemacht Karthago wurde die Insel Sizilien. Die Karthager zählten sie zu ihrem Machtbereich, aber auch die Römer hatten ein Auge auf sie geworfen. So kam es zum Krieg. Anfangs ging es nur um Sizilien, aber schnell ging es um mehr. Um es mit dem Seefahrervolk Karthago aufnehmen zu können, bauten die Römer zum ersten Mal in ihrer Geschichte eine eigene Schiffsflotte. Römer kämpfen von jeher lieber an Land und hassen das Meer.«

Dem konnte Lucius nur zustimmen. Er war mit seinem Vater einmal auf einem Schiff gefahren, aber das ständige Schaukeln der Wellen hatte ihn seekrank werden lassen und die halbe Überfahrt hatte er sich, über die Reling gebeugt, übergeben. Er war heilfroh gewesen, als er endlich wieder festen Boden unter den Füßen gehabt hatte.

Linos fuhr mit seiner Erzählung fort. »Die Römer merkten schnell, dass der Krieg zur See ihnen gar nicht lag. Die karthagische Flotte war ihnen weit überlegen und es drohte eine Niederlage. Aber dann hatten sie eine kluge Idee. Wie schafft man es, seine Überlegenheit in Landschlachten, die Disziplin und Formationen seiner Soldaten auch auf dem Meer einzusetzen?« Er schaute in fragende Gesichter.

Ein Junge meldete sich. »Indem man auf dem Meer so kämpft, wie man es auch an Land tun würde?«

Linos lachte. »Das trifft den Nagel auf den Kopf. Die Römer wussten, in der Manövrierfähigkeit und Schnelligkeit der Schiffe konnten sie die Karthager und deren jahrhundertelange Erfahrung in der Seefahrt nicht übertrumpfen. Also versuchten sie es gar nicht erst und trugen stattdessen den Kampf Soldat gegen Soldat zu den Karthagern. Die römischen Schiffe wurden mit einem **corvus** ausgestattet, einer zehn Schritt langen Holzbrücke, die man mit Seilen hinaufziehen und herunterlassen konnte.

Sie mussten nur nahe genug an die karthagischen Schiffe herankommen, die beiden Decks mit dem **corvus** verbinden und schon konnten Fußsoldaten auf die andere Seite stürmen und kämpfen wie an Land. Diese Taktik war ungeheuer erfolgreich und die Römer gewannen den Krieg. Karthago musste Sizilien an Rom abtreten. Sizilien wurde die erste Provinz des entstehenden Römischen Reiches, also eine Region außerhalb Italiens, die von einem römischen Statthalter verwaltet wird. Wenig später nahmen die Römer den Karthagern auch noch die Inseln Korsika und Sardinien ab.

Die Karthager waren darüber sehr verbittert, ganz besonders einer ihrer Generäle, Hamilkar Barkas. Er entschloss sich, Ersatz für die verlorenen Gebiete zu schaffen, und eroberte in den folgenden Jahren die Iberische Halbinsel, ganz im Westen des Mittelmeers. Hamilkar hatte einen Sohn. Sein Name war Hannibal. Und ja, Lucius, du hast Recht.

Man erzählt sich, dass Hamilkar ihn als neunjährigen Jungen bei Baal, dem höchsten Gott der Karthager schwören ließ, niemals ein Freund der Römer zu sein. Die Römer hatten die Zeit seit dem Sieg über Karthago genutzt, ihren Einfluss auf die gallische Mittelmeerküste auszudehnen. So gerieten sie wieder in Konflikt mit den Karthagern, da Gallien im Süden an die Iberische Halbinsel grenzt. Als es zum Krieg kam, planten die Römer, in die neuen karthagischen Gebiete einzumarschieren. Doch der kühne Hannibal kam ihnen zuvor, und wagte etwas, womit kein Römer gerechnet hatte.«

Lucius hob die Hand. »Er sammelte ein Heer von fünfzigtausend Fußsoldaten, fast zehntausend Reitern und siebenunddreißig Elefanten und marschierte nach Italien.«

Linos nickte anerkennend. »Na sieh' mal, wenn es um Geschichte geht, kann sich unser Lucius plötzlich doch Zahlen merken.«

Lucius errötete.

»Du hast vollkommen Recht, Lucius. Aber das Außergewöhnlichste waren nicht einmal die Kriegselefanten. Das, womit kein Römer gerechnet hatte, war, dass Hannibal nicht an der Küste entlang nach Italien zog, sondern durch das Hinterland über die hohen schneebedeckten Berge der Alpen. So umging er das römische Heer unter dem Feldheer Scipio einfach und gelangte ohne große Gegenwehr nach Italien. Große Verluste musste er aber dennoch hinnehmen. Das Wetter, das Gebirge und die keltischen Alpenstämme machten seiner Armee schwer zu schaffen. Die Mehrheit der Elefanten und ein großer Teil der Männer überlebte die Alpenüberquerung nicht.

Dass Hannibal mit seiner Armee plötzlich mitten in Italien stand, war ein Schock für die Römer, wie ihr euch bestimmt vorstellen könnt. Aber damit nicht genug. Hannibal gelang es mehrere Male, die römischen Armeen, die der Senat ihm entgegenschickte, zu besiegen. Der Konsul Fabius Maximus entschied daher, Hannibal mit einer anderen Taktik zu bekämpfen. Er weigerte sich, weitere Schlachten mit ihm zu kämpfen, sondern ließ ihn weit nach Süden vorrücken, in der Hoffnung, seine Nachschublinien würden zu lang werden und er könne seine große Armee nicht weiter versorgen. Aber den Bürgern von Rom gefiel diese Taktik gar nicht, denn jeden Tag rückte die Gefahr näher und näher heran. Deshalb nannten sie Fabius Maximus ›**cunctator**‹, den Zauderer.

Sie glaubten, dass er sich nicht traute, gegen Hannibal zu kämpfen. Dann übernahmen, wie immer, wenn das Jahr vorüber war, zwei neue Männer das Konsulat und das Volk wählte sie mit dem ausdrücklichen Auftrag, endlich gegen Hannibal zu kämpfen. Sie sammelten eine riesige Streitmacht von sechzehn Legionen, das sind etwa achtzigtausend Mann. Davon waren die Hälfte Römer, die andere Hälfte römische Bundesgenossen. Schließlich kam es bei Cannae zur Schlacht.« Linos schaute in die versammelte Runde von Kindern, die ihn erwartungsvoll ansahen. »Wer von euch glaubt, die Römer haben Hannibal geschlagen?«

Fast alle meldeten sich. Linos lachte. »Ha, typisch Römer. Können sich gar nicht vorstellen, ihre prächtigen Legionen seien zu etwas anderem fähig als zu triumphalen Siegen. Ihr täuscht euch. Die Schlacht von Cannae wurde für Rom zur Katastrophe. Die römischen Truppen konzentrierten sich viel zu sehr auf das Zentrum der Schlacht und rückten zu weit vor. Hannibal ließ sie kommen und zog die Mitte seiner Schlachtreihe immer weiter zurück, sodass sie sich in einem weiten Bogen über das Schlachtfeld spannte. Ehe sich die Römer versahen, waren ihnen die karthagischen Reiter in den Rücken gefallen und ließen die Falle zuschnappen. Die Römer waren umzingelt, die Karthager kamen von allen Seiten gleichzeitig. Es muss ein beispielloses Gemetzel gewesen sein. Mehr als die Hälfte der römischen Soldaten starben in Cannae. Hannibal verlor weniger als ein Fünftel seiner Soldaten. Die Niederlage war für die Römer erdrückend.

Als die Nachricht Rom erreichte, packte die Menschen pure Angst. Alle befürchteten, Hannibal werde als nächstes seine Armee gegen Rom selbst führen und die Stadt einnehmen. Nicht wenige versteckten sich für mehrere Tage in ihren Häusern und Gerüchte kursierten in der Stadt: ›**Hannibal ad portas**‹ – ›Hannibal bei den Toren‹. Es waren dunkle Stunden. Die Befürchtungen waren tatsächlich nicht ganz unbegründet. Nach der Schlacht besprach sich Hannibal mit seinen Generälen.

Im Feuerschein der Fackeln stießen sie auf ihren Sieg an, während die karthagischen Soldaten auf dem Schlachtfeld umhergingen, ihre Toten bestatteten und die überlebenden Römer in die Gefangenschaft führten. Alle beglückwünschten Hannibal und baten ihn, den Soldaten nach einem so großen Sieg einige Tage zur Erholung zu gewähren. Nur Maharbal, der Kommandant der Reiterei, war anderer Meinung:

›Gewiss verstehst du, was wir mit dieser Schlacht erreicht haben‹, sagte er. ›In fünf Tagen solltest du deinen Sieg mit einem Bankett auf dem Kapitol feiern! Ich eile mit der Reiterei voraus und du folgst uns. Die Römer werden nicht bemerken, dass du schon da bist, bevor sie überhaupt bemerken, dass du kommst.‹ Hannibal aber stimmte Maharbal nicht zu. Er lobte seinen guten Willen, aber es sei zu früh, jetzt loszueilen. Maharbal schüttelte traurig den Kopf. ›Die Götter verteilen die Gaben ungleich auf verschiedene Männer. **Vincere scis, Hannibal. Victoria uti nescis**. Du verstehst es zu siegen, Hannibal. Aber den Sieg zu nutzen, das verstehst du nicht.‹

War es also vielleicht Hannibals Zögerlichkeit, die Rom gerettet hat? Wäre Rom gefallen, hätte er Maharbals Vorschlag angenommen? Wir wissen es nicht. Hannibal blieb insgesamt fünfzehn Jahre in Italien, zog plündernd durchs Land, eroberte kleinere Städte und versuchte, teils mit Erfolg, Verbündete Roms auf seine Seite zu ziehen. Doch einen Angriff auf Rom selbst wagte er nie. Er erschien niemals wirklich an den Toren der Stadt, aber die Römer fürchteten es ständig.

Nach der Schlacht von Cannae sah man aber ein, den Karthager nicht in Italien schlagen zu können. Stattdessen schickten die Römer eine Armee unter den großen Feldherrn Scipio auf die Iberische Halbinsel und besiegten die Karthager dort, sodass Hannibal isoliert war. Dann setzte Scipio nach Nordafrika über und bedrohte die Stadt Karthago selbst. Als seine Armee dort anlandete, bekamen es die Karthager, ebenso wie die Römer in Italien, mit der Angst zu tun. Der Senat von Karthago entschied, einen Hilferuf an Hannibal zu schicken, der immer noch in Italien sein Unwesen trieb: Das Vaterland würde angegriffen und er müsse mit seiner Armee zurückkehren und Scipio besiegen.

Schweren Herzens verließ Hannibal daraufhin Italien und setzte mit Schiffen nach Nordafrika über. Das war eine große Erleichterung für die Römer, denn endlich, nach fünfzehn Jahren andauernder Bedrohung, war ihre Heimat endlich wieder sicher. In Nordafrika sammelten sowohl Hannibal als auch Scipio ihre Truppen, um die letzte, alles entscheidende Schlacht dieses größten Krieges aller Zeiten auszukämpfen. Schließlich trafen sie bei Zama aufeinander. Wieder bot Hannibal eine große Armee auf und wieder hatte er Kriegselefanten bei sich. Doch die Römer ließen sich nicht aus der Ruhe bringen.

Unter der Führung von Scipio gelang es ihnen endlich, Hannibal zu besiegen, und sie nahmen Rache für die Toten von Cannae und all den anderen Schlachten, die während Hannibals Aufenthalt in Italien geschlagen worden waren.«

Lucius reckte triumphierend die Faust in die Höhe. »Am Ende tragen die Römer doch immer den Sieg davon!« Einige der anderen Jungs stimmten ein und freuten sich über den glücklichen Ausgang der Geschichte. Linos gebot ihnen mit einer Geste Ruhe.

»Den Karthagern wurden harte Friedensbedingungen auferlegt. Sie durften nur zehn Schiffe behalten, alle anderen mussten sie den Römern ausliefern. Auch die Kriegselefanten durften sie nicht behalten. Für fünfzig Jahre sollten sie jährlich Geld an Rom zahlen, als Kriegsentschädigung. Das Schlimmste für sie aber war, dass sie künftig ohne die Erlaubnis Roms nie wieder Krieg führen durften. Zerstört wurde Karthago aber nicht, sehr zum Ärger eines einflussreichen Senators. Sein Name war Cato und er trat erbittert dafür ein, dass Roms Rivale ein für alle Mal ausgelöscht werden müsse. Über viele Jahrzehnte beendete er jede seiner Reden im Senat, egal zu welchem Thema, mit dem Satz ›**Ceterum censeo, Carthaginem esse delendam**‹ – ›Im Übrigen bin ich der Meinung, dass Karthago zerstört werden muss.‹

Zu Lebzeiten konnte er sich mit seiner Forderung nicht durchsetzen, aber einige Jahre nach seinem Tod lieferten die Karthager

Rom einen Vorwand, erneut Krieg zu beginnen. Karthago war von numidischen Reitervölkern angegriffen worden und hatte sich verteidigt. Die Römer sahen darin eine Verletzung des Friedensvertrags, nachdem Karthago ohne die Erlaubnis Roms einen Krieg geführt hatte. So machten sie Karthago schließlich völlig dem Erdboden gleich. Das war das Ende der stolzen Seemacht Karthago und es war Roms endgültiger Durchbruch zu einem Weltreich, das überall rund um das Mittelmeer Gebiete beherrscht und keinen feindlichen Angriff auf die eigene Hauptstadt fürchten muss. Wahrscheinlich waren Karthago und Hannibal die letzten Gegner, die Rom noch wirklich ebenbürtig waren.«

Die Punischen Kriege

Die drei Kriege gegen Karthago werden auch die Punischen Kriege genannt, weil die Römer die Karthager als Punier bezeichneten. Sie dauerten von 264–241 vor Christus, 218–202 vor Christus und 149–146 vor Christus und markieren Roms Durchbruch von einer italienischen Mittelmacht zur Weltmacht.

Besondere Bedeutung hat der zweite Punische Krieg mit der Alpenüberquerung des karthagischen Feldherrn Hannibal, die bis heute als militärische Meisterleistung gilt. Im Bewusstsein der Römer späterer Generationen war der zweite Punische Krieg der größte Krieg aller Zeiten, in gewisser Weise vergleichbar mit dem Stellenwert, den der Zweite Weltkrieg (1939–1945) heute für viele Menschen einnimmt.

13
KAPITEL

Mare nostrum – Roms Herrschaft über die Welt

Staunend ließ Fabia den Blick über die riesige Landkarte wandern. »Das gehört alles Rom?«

Fabia, Lucius, Senator Vitalis und Galla standen in einem großen Raum im Tablinum, dem Staatsarchiv am Kopfende des Forum Romanum. Senator Vitalis hatte seine beiden Kinder hierhin mitgenommen, um ihnen einen Überblick über all die Länder, die unter der Herrschaft Roms standen, zu verschaffen. Er nickte. »Es hat viele hundert Jahre gedauert, all das zu erobern.«

»Aber warum wurde es überhaupt erobert?«, wollte Fabia wissen. »Was haben wir denn davon, jahrhundertelang Krieg zu führen und Soldaten zu opfern, nur um ferne Länder zu unterwerfen?«

Lucius schaute seine Schwester verdutzt an. »Also auf so einen Gedanken bin ich noch nie gekommen.«

Auch ihr Vater schien einen Moment verwundert. »Naja«, sagte er und überlegte einen Moment. »Angefangen hat es als Verteidigung. Um die Stadt vor Angriffen zu schützen, hat man versucht, all die umliegenden Völker zu unterwerfen, sodass sie einem nicht mehr gefährlich werden konnten. Außerdem waren diese Gebiete so eine Art Schutzwall gegen Angriffe von außen. Aber dann hat das Ganze eine neue Dynamik entwickelt. Wir Römer haben erkannt, dass das Unterwerfen von Völkern und das Errichten von Provinzen viele Vorteile hat. Wir bekommen Steuern aus den Provinzen, können dort Getreide anbauen und leichter mit den Menschen Handel treiben. Außerdem bekommen wir Sklaven aus den Provinzen, ohne die unsere Wirtschafts- und Lebensweise nicht funktionieren würde. Aber auch die unterworfenen Gebiete profitieren davon. Wenn es dort früher nur wilde Barbaren gab, die in Holzhütten im Wald gehaust und sich gegenseitig bekämpft haben, so haben sie jetzt Straßen, steinerne Städte, Tempel, florierenden Handel und Wohlstand. Kurzum, wir Römer bringen den Völkern die Zivilisation.« Er nickte, scheinbar zufrieden mit seiner Erklärung.

Galla schaute allerdings wenig überzeugt. Als Senator Vitalis ihren Gesichtsausdruck bemerkte, versuchte sie schnell eine neutrale Miene aufzusetzen. Aber auch Fabia hatte es bemerkt. »Galla, warum schaust du so traurig?«, fragte sie.

Sie wirkte verlegen. »Darf ich offen sprechen, Herr?«

Senator Vitalis nickte. »Sag, was du zu sagen hast, Galla. Du musst nicht befürchten, bestraft zu werden.«

Sie schluckte. »Ja, Herr. Ich kann die Sicht der Römer auf die Dinge verstehen. Es stimmt, Gallien ist voll von Straßen, Aquadukten und Städten. Die Menschen sprechen Latein und viele treiben lohnenden Handel. Aber wir haben einen hohen Preis bezahlt für eine Zivilisation, die viele Gallier nie gewollt haben. Ich kenne die Zeiten, bevor Gallien eine römische Provinz wurde, nur aus Erzählungen. Aber die Gallier waren damals ein stolzes Volk.

Sie lebten in Stämmen nach ihren eigenen Sitten und Gebräuchen und verehrten ihre eigenen Götter. Sie feierten rauschende Feste und zogen ehrenhaft in den Kampf. Als die Römer kamen, nahmen die keine Rücksicht auf die Sitten der Gallier. Sie zwangen ihnen die römische Kultur auf, ob sie es wollten oder nicht. Viele gute Männer sind für ihre Freiheit gestorben und viele weitere wurden versklavt, wie meine Vorfahren. Heute ist kaum noch etwas vom alten Gallien übrig. Die jungen Männer dienen in den römischen Hilfstruppen statt als Stammeskrieger Ehre zu erringen, die heiligen Haine unserer Götter sind verwaist und es stehen marmorne Tempel in von Römern gebauten Städten. Es ist überall im Reich dasselbe. In Britannien und Germanien genauso wie in Syrien und Ägypten. Überall leben die Menschen unter der Herrschaft Roms. Sie haben eure Zivilisation mit ihrer Freiheit und Identität bezahlt.«

Sie schwieg plötzlich, da ihr dämmerte, dass sie zu weit gegangen war. Als Sklavin konnte sie in der Gegenwart eines römischen Senators so nicht sprechen. Ein kurzer Ausdruck der Sorge huschte über ihr Gesicht, aber Senator Vitalis blieb ruhig und nickte nur bedächtig. »**Vae victis**, wehe den Besiegten«, murmelte er. »Das hat vor vielen hundert Jahren ein feindlicher Fürst zu den Römern gesagt, als er sie besiegt und ihnen harte Friedensbedingungen auferlegt hatte. Das haben wir uns gemerkt und es fortan mit allen, die wir besiegten, genauso gehalten. Ich verstehe deine Bitterkeit, Galla. Aber so ist der Lauf der Geschichte.« Er wandte seinen Blick wieder zu der Karte.

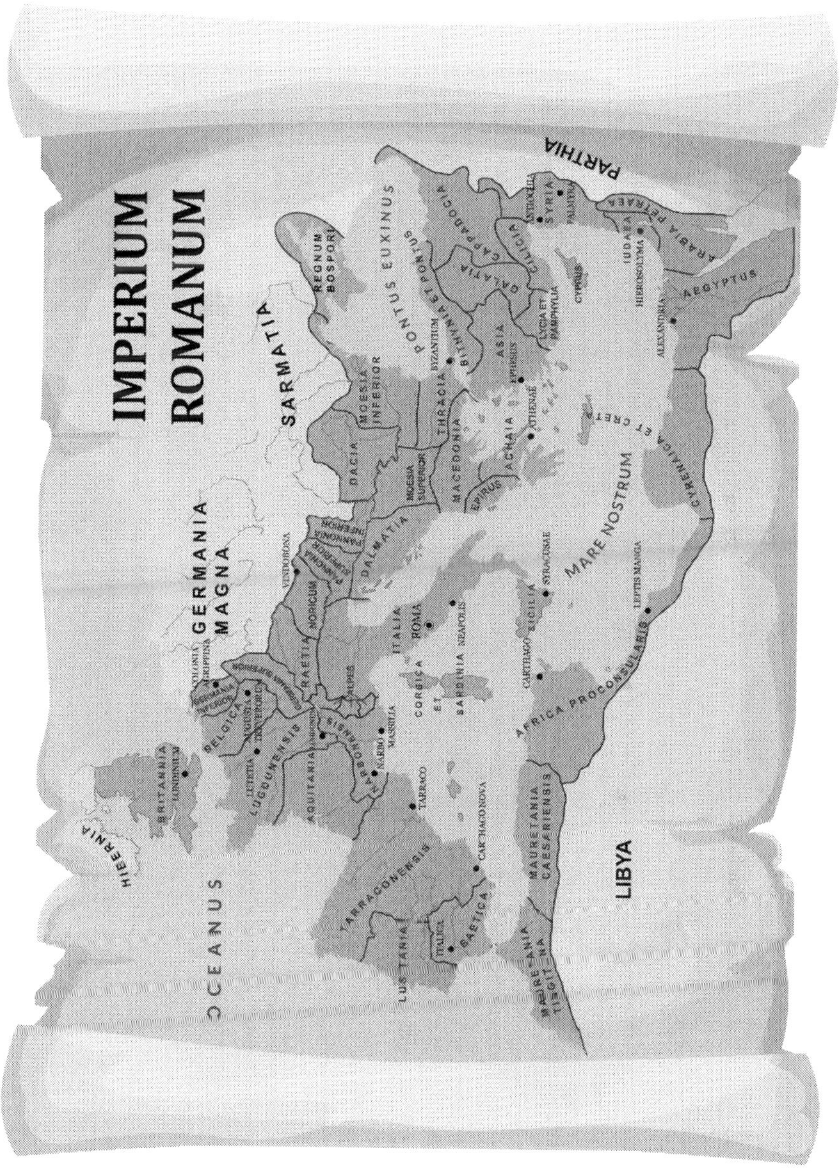

Quelle: https://commons.wikimedia.org/wiki/File:RomanEmpire_117_de.svg

CC Lizenz.

»Gallien ist schon so lange römisch, dass es schon gar keine äußeren Grenzen mehr hat, sondern ganz und gar von weiteren Provinzen umschlossen ist. Er deutete auf die Karte. Dort sind die vier gallischen Provinzen **Narbonensis** an der Mittelmeerküste, **Aquitania** und **Lugdunensis** in der Mitte und **Belgica** im Norden. Weiter im Osten und Norden leben die Germanen. Wir haben dort zwei Provinzen. **Germania superior**, das obere Germanien, und **Germania inferior**, das untere Germanien. Dort in Untergermanien dient euer Bruder Marcus in den Legionen. Jenseits des Flusses **Rhenus** ist die **Germania magna**, das große, freie Germanien. Dort leben wilde Stämme ohne den Einfluss Roms in dunklen, undurchdringlichen Wäldern und verehren ebenso düstere Götter.«

Lucius' Augen wanderten über den riesigen Teil der Karte, auf dem kaum Details eingezeichnet waren, nur der vage Verlauf einiger Flüsse und auf dem in großen Lettern **Germania magna** geschrieben war.

»Jenseits des Meeres, hoch im Nordwesten liegt die Insel Britannien, deren südlicher Teil unsere Provinz ist. Meist ist die Insel von dichtem Nebel umhüllt und es regnet unaufhörlich. Kein schöner Ort zum Leben. Und südlich von Gallien liegt die Iberische Halbinsel. Auch sie besteht aus mehreren Provinzen.« Sein Finger fuhr die Küstenlinie des Mittelmeeres entlang. »An der südlichsten Spitze der Provinz **Baetica** berühren sich Afrika und die Iberische Halbinsel beinahe. Man kann das jeweils andere Ufer mit bloßem

Auge erkennen. Afrika ist ein heißes und trockenes Land mit riesigen Wüsten. Aus diesem Grund haben wir nur die Küste ins Reich eingegliedert. Diese Küstenregion ist allerdings äußerst fruchtbar und ein Großteil des für die Stadt überlebenswichtigen Getreides kommt aus Afrika. Noch bedeutender für die Getreideversorgung der Stadt ist nur Ägypten.«

Sein Finger verharrte auf dem Land im äußersten Osten Afrikas, auf dem das Wort »**Aegyptus**« geschrieben stand. »Durch den großen Fluss Nil, der regelmäßig über die Ufer tritt und das Land mit fruchtbarem Schlamm bedeckt, wächst dort so viel Getreide wie nirgendwo sonst im Reich. Aus diesem Grund hat die Provinz Ägypten eine ganz besondere Stellung. Sie gilt als Privateigentum des Kaisers und ohne seine Erlaubnis darf kein Mitglied des Senatorenstands sie betreten. Statt eines Statthalters wird die Provinz deshalb von einem Mann verwaltet, der den Rang eines Präfekten innehat und der nur dem Ritterstand angehört, nicht dem Senat. In Ägypten kann man die Überreste einer jahrtausendealten Kultur bestaunen. Die großen Pyramiden sind äußerst beeindruckend. Sie wurden von Königen längst vergangener Zeiten, den Pharaonen, als Grabstätten gebaut. Die größte Stadt Ägyptens ist Alexandria, sie liegt an der Küste. Sie wurde von dem großen griechischen Feldherrn Alexander dem Großen gegründet und ist nach Rom die zweitgrößte Stadt des ganzen Reiches. Im Hafen von Alexandria steht der Pharos, ein riesiger Leuchtturm. Er ist wahrscheinlich das höchste Gebäude auf der ganzen Welt.«

Fabia staunte über das Wissen ihres Vaters. »Woher weißt du das alles?«, fragte sie.

»Ich bin in meinem Leben schon viel im Imperium herumgekommen. Sei es im Militär, auf Studienreisen oder um Geschäfte abzuwickeln. Die Region östlich Ägyptens, die Provinzen **Iudaea** und **Syria** kenne ich besonders gut. Dort habe ich damals als Militärtribun gedient, so wie jetzt Marcus in Germanien. Der Osten des Reiches, besonders Syrien, ist sehr reich. Es gibt dort prächtige Städte und große Häfen, aber auch weite, undurchdringliche Wüste. Jenseits dieser Wüste erstreckt sich das Partherreich, ein Land von Reiterkriegern. Zwischen ihnen und Rom gibt es regelmäßig Krieg, aber keins der beiden Reiche ist mächtig genug, das andere jemals wirklich zu besiegen. Judäa hingegen ist eine Provinz, die nie zur Ruhe kommt. Die Menschen, die dort leben, haben sehr eigenartige Vorstellungen. Sie glauben, dass es nur einen einzigen, allmächtigen Gott gibt, und deshalb lehnen sie es ab, den römischen Göttern und Kaisern Opfer darzubringen. Das führt regelmäßig zu großen Spannungen zwischen ihnen und den Römern in Judäa – so stark, dass sie vor vierzig Jahren eine große Revolte gegen die Römer begannen. In der Folge wurde ihr heiliger Tempel in ihrer Hauptstadt Jerusalem bis auf die Grundmauern zerstört. Aus diesem Grund hegen sie bis heute starken Groll gegen alles Römische und als Soldat muss man ständig fürchten, in einen ihrer Hinterhalte zu geraten. Es ist wahrlich kein Vergnügen, dort seinen Dienst zu tun. Wenn ihr mich fragt, ist es nur eine Frage der Zeit, bis dort der nächste Aufstand losbricht.«

Lucius hatte von diesen Bewohnern Judäas, den Juden, gehört. In jeder großen Stadt des Reiches gab es eine jüdische Gemeinde, sogar in Rom. In letzter Zeit machten aber weniger die Juden von sich reden, sondern eine kleine Splittergruppe, die sich von ihnen losgesagt hatte.

Sie glaubten, dass ein unbedeutender Jude namens Jesus, der vor fast einhundert Jahren zur Zeit des Kaisers Tiberius in Judäa gekreuzigt worden war, ein von ihrem Gott geschickter Erlöser gewesen sei. Dieser Jesus habe den Menschen eine Botschaft vom ewigen Leben nach dem Tod verkündet. Die meisten Römer hielten das für großen Unfug – ja, sogar für sehr gefährlichen Unfug – und die Anhänger dieses Gekreuzigten wurden streng verfolgt. Aber trotzdem wuchs der Kreis derer, die den Lehren des Jesus anhingen, immer weiter. Vor allem für die Sklaven, die in diesem Leben nichts zu erhoffen hatten, war die Aussicht auf eine Erlösung nach dem Tod äußerst verlockend.

Das Frühe Christentum

Die Bibel berichtet vom Leben des Jesus von Nazareth in der Zeit der römischen Herrschaft über Judäa. Wenn es ihn gab, wurde er wahrscheinlich nicht im Jahr eins nach Christus geboren, sondern zwischen-

vier und sieben vor Christus und zwischen 30 und 36 nach Christus gekreuzigt. Seine Lehren verbreiteten sich im ganzen Römischen Reich und seine Anhängerschaft wuchs schnell. Eigentlich waren die Römer sehr tolerant in Religionsfragen. Die jüdische und christliche Vorstellung, dass es nur einen Gott gebe und daher auch keinen anderen Göttern oder gar Menschen wie dem Kaiser geopfert werden dürfe, konnten sie aber nicht tolerieren. Daher wurden Christen zeitweise von den Römern verfolgt, ihre Kulte verboten und viele von ihnen getötet.

Senator Vitalis fuhr mit seiner Aufzählung der Provinzen fort: »Kappadokien, Galatien, Asia, dann kommen wir an die Meerenge zwischen dem Mittelmeer und dem Schwarzen Meer, dem **Pontus Euxinus**. Auf der anderen Seite liegt Thrakien, südlich davon Griechenland und nördlich Mösien und Dakien, das der Vorgänger des derzeitigen Kaisers, Trajan, erst vor kurzem unterworfen hat. Dann kommen Pannonien und schließlich die beiden Provinzen direkt nördlich der Alpen, Noricum und Raetien. Diese grenzen wieder an die **Germania magna** und somit sind wir einmal um das ganze Mittelmeer herumgewandert. All diese Gebiete gehören zu Rom, die ganze Küste des Meeres und viel darüber hinaus.

Das ist der Grund, warum wir das Mittelmeer auch **mare nostrum** nennen, das bedeutet ›unser Meer‹.«

Lucius und Fabia waren beeindruckt: So viele Länder, Städte und Völker. Und alle wurden sie beherrscht von einer einzigen Stadt.

Das Römische Reich und seine Provinzen

Nach der Gründung Roms wuchs das von der Stadt beherrschte Territorium zuerst nur langsam an. Um 275 vor Christus, also etwa fünfhundert Jahre nach der legendären Stadtgründung, beherrschte Rom ganz Italien. Die Gebiete, die danach erobert wurden, waren im Bewusstsein der Römer etwas ganz Anderes als Italien, die Heimatregion Roms. Während die Städte in Italien recht unabhängig blieben, wurden die Gebiete außerhalb Italiens strenger von Rom regiert. Man nannte diese Gebiete »Provinzen«. Sie wurden von Statthaltern regiert, die für einige Jahre aus Rom entsandt wurden und die Bevölkerung musste oft hohe

Steuern zahlen, bekam aber nicht die gleichen Rechte wie Römer. Das Römische Reich erreichte seine größte Ausdehnung im Jahr 117 nach Christus unter dem Kaiser Trajan. Zu diesem Zeitpunkt zählte es 45 Provinzen.

14

KAPITEL

Edle Wilde? - die Germanen

»Senator Vitalis, seid gegrüßt.«

Der Angesprochene stand noch immer über die große Karte im Tabularium gebeugt. Er drehte sich rasch in die Richtung um, aus der die Stimme gekommen war. Der Schemen eines alten Mannes lösten sich aus den Schatten der langen Reihen der mit Schriftrollen bestückten Regale des Staatsarchivs. Der Mann stützte sich auf einen Gehstock. Als er aus dem Schatten der Regale hinaustrat, erhellte Fackelschein seine Gesichtszüge. Lucius schätzte, dass er älter als sechzig Jahre war. Das dünne Haar hatte alle Farbe verloren und Falten durchfurchten sein Gesicht. Aber trotz der gebrechlichen Erscheinung blitzten wache, mandelbraune Augen aus den Höhlen.

»Senator Tacitus, welche überraschende Ehre, Euch hier zu treffen«, antwortete Vitalis und senkte das Haupt.

»Ach, so groß kann die Überraschung nicht sein. Ich bin oft hier und liebe es, in den alten Schriftrollen zu stöbern, das wisst Ihr doch. Die Ehre ist ganz meinerseits.« Er lächelte höflich.

Senator Vitalis wandte sich an seine Kinder. »Senator Tacitus ist ein berühmter Redner und Schriftsteller. Er hat eine Vielzahl von bedeutenden Werken verfasst, vor allem über Geschichte und Geografie.«

Der Mann winkte ab. »Ach, lasst doch die Schmeicheleien, ich bin schließlich nicht der Kaiser.« Er lachte schallend.

Vitalis lächelte gezwungen, mehr aus Höflichkeit denn aus Belustigung, und sah sich verstohlen um, ob jemand das Gespräch mithörte. Er sah niemanden, bemühte sich aber dennoch, schnell das Thema zu wechseln. »Ich habe gerade versucht, meinen Kindern einen Eindruck all der verschiedenen Provinzen zu vermitteln.« Er deutete auf die Karte. »Mein älterer Sohn Marcus dient in Germanien als Militärtribun. Ihr geltet ja als großer Kenner dieses Landes, habt darüber sogar ein Buch geschrieben. Mögt Ihr uns vielleicht etwas mehr darüber berichten? Dann können sich Lucius und Fabia mehr darunter vorstellen, in welcher Umgebung ihr Bruder seinen Dienst für Rom verrichtet.«

Der Mann durchschaute das Manöver sofort. »Marcus Fabius Vitalis, stets bedacht, heikle Themen zu umschiffen. Nun ja, ich kann es Euch nicht zum Vorwurf machen. Hätte ich noch Pläne für die eigene politische Karriere, wäre ich wohl auch weniger freimütig mit meinen Worten.« Er grinste schelmisch. »Ich erzähle euch gern etwas über Germanien. Aber lieber an einem bequemeren Ort.«

»Es wäre uns eine Ehre, Euch zum Abendessen in unser Haus auf dem Aventin einzuladen.«

Tacitus lächelte. »Eine Einladung, die ich mit Freuden annehme.«

Als Senator Vitalis mit Lucius, Fabia und Galla nach Hause kam, sagte Galla sofort in der Küche Bescheid, dass es heute Abend ein Gastmahl für Senator Tacitus geben würde, und sofort verfielen die Haussklaven in rege Betriebsamkeit. Während sie auf ihren Gast warteten, ließ sich die Familie im Atrium nieder.

»Senator Tacitus ist ein weiser und verdienter Mann und in der Oberschicht hochgeachtet«, bemerkte Senator Vitalis. »Es ist ihm egal, was der Kaiser von ihm hält und das verschafft ihm die Möglichkeit, seine Gedanken etwas freier zu äußern, als für mich oder euch klug wäre. Er hält die römischen Ideale sehr hoch: Tugendhaftigkeit, Frömmigkeit, Tapferkeit, aber auch die Liebe zur Freiheit. Er glaubt, dass die Herrschaft eines einzelnen Kaisers Rom nicht guttut. Seit der Zeit, in der es noch eine Republik gab und der Senat herrschte, ist in seinen Augen viel davon verloren gegangen. All der Luxus, der Überfluss und die fehlenden echten politischen Aufgaben für die Senatoren – das alles verweichliche die Männer.«

Es klopfte an der Tür und Tirax öffnete sie mit einer Verbeugung. »Senator Vitalis erwartet Euch bereits, Herr.«

Tacitus trat ein. Zu Lucius großer Verwunderung hatte er keinen Sklaven bei sich, wie es nach Einbruch der Dunkelheit für Männer von senatorischem Stand zum Schutz üblich gewesen wäre. Er blickte sich im Raum um, dann begrüßte er die Anwesenden, beginnend mit Quintilla. »Ein schönes Haus«, befand er, »wenn auch etwas zu viel Schnickschnack für meinen Geschmack.« Er deutete auf die Wandmalereien, die mythologische Szenen zeigten.

»So kennen wir dich, Tacitus«, lachte Vitalis. »Stets bemüht, unnötige Bequemlichkeit zu vermeiden.«

Sie legten sich ins Triclinium zu Tisch und der erste Gang wurde aufgetragen, die **gustatio**. Als dieser beendet und das Geschirr von den Sklaven abgeräumt worden war, zog Senator Vitalis eine Schriftrolle hervor. »Ich habe meine Bibliothek durchsucht und habe tatsächlich eine Abschrift deines Werks über die Germanen gefunden, mein lieber Tacitus.«

Dieser lächelte und nahm das Schriftstück entgegen. »Ich danke dir.«

Lucius bemerkte, dass das Verhältnis zwischen den beiden Männern jetzt viel entspannter war als noch im Tabularium. Wahrscheinlich lag es daran, dass sein Vater hier in seinem eigenen Haus nicht befürchten musste, eine von Tacitus Bemerkung über den Kaiser könne gehört und mit ihm in Verbindung gebracht werden.

Tacitus – Ein römischer Geschichtsschreiber

Publius Cornelius Tacitus war einer der bedeutendsten Geschichtsschreiber der römischen Kaiserzeit. Er schrieb mehrere Werke über Geschichte und Geografie, unter anderem eine Beschreibung Germaniens. Viel von unserem Wissen über die Germanen, die damals im Gebiet des heutigen Deutschlands lebten, haben wir von ihm. Die Germanen haben nämlich keine eigenen schriftlichen Überlieferungen hinterlassen.

Wie viele Geschichtsschreiber nutzte Tacitus seine Werke auch, um Kritik an der römischen Gesellschaft zu üben. Tacitus glaubte, die Sitten der Römer, wie Tapferkeit und Freiheit, seien von übermäßigem Luxus und Verweichlichung geschädigt. Er war ein scharfer Kritiker der Alleinherrschaft eines Kaisers und sehnte sich nach den Zeiten der Republik, die seit fast hundertfünfzig Jahren der Vergangenheit angehörten.

»Die Germanen leben sowohl jenseits als auch diesseits der Grenzen unseres Reiches«, begann Tacitus seine Erzählung. »Heute wird die Grenze zum größten Teil durch zwei Flüsse gebildet: Den **Rhenus** (Rhein) und den **Danubius** (Donau). Dazwischen ist ein Stück Grenze, das über Land verläuft. Dort haben wir Römer einen großen Schutzwall errichtet, den Limes. Er ist gesäumt von großen Kastellen für die Soldaten der Legionen und kleinen Türmen entlang des Walls. Diesseits jener Grenzen liegen die Teile Germaniens, die wir bezwungen haben: Die Provinzen **Germania inferior, Germania superior** und **Raetia**. Die dort lebenden Stämme wie die Ubier oder Bataver haben sich Rom unterworfen und zählen zu unseren treuesten Bundesgenossen. Gerade die Bataver, die an der Mündung des Rhenus ins nördliche Meer leben, sind für Rom besonders wertvoll. Sie sind begabte Reiter und können mit ihren Pferden und in voller Rüstung durch Flüsse schwimmen. Die Soldaten, die sie für die römischen Hilfstruppen stellen, zählen zu den besten des Reiches.«

»Germanen kämpfen in der römischen Armee?«, fragte Lucius verwundert.

»Ja, in der Tat. Das ist ganz normal und wird überall im Reich so gemacht. Wenn Stämme unterworfen sind, werden sie dazu verpflichtet, Steuern zu zahlen und Männer für die Armee zu stellen. Natürlich dienen sie nicht in den Legionen, das ist allein römischen Bürgern vorbehalten. Sie dienen in den Hilfstruppen.

Nach fünfundzwanzig Jahren im Dienst erhalten sie dann das römische Bürgerrecht und sie und ihre Nachkommen sind fortan Römer. In den römischen Provinzen haben wir viele Städte gegründet. Die größten sind **Augusta Vindelicum** (Augsburg) am **Danubius, Augusta Treverorum** (Trier) an der **Mosella** (Mosel) sowie **Mogontiacum** (Mainz), **Colonia Claudia Ara Aggripinensium** (Köln) und **Colonia Ulpia Traiana** (Xanten) am **Rhenus**.«

»Dort ist mein Bruder stationiert«, platzte Lucius heraus. »Im Legionslager **Vetera** bei **Colonia Ulpia Traiana**.«

Tacitus nickte. »Ja, dort ist ein sehr großes Legionslager. Jenseits des **Rhenus** beginnt das freie Germanien. Dort leben die Germanen noch so, wie sie es taten, bevor wir Römer kamen. Zumindest jene Stämme, die weit genug von der Grenze entfernt liegen. Diejenigen, die am Limes leben, treiben Handel mit dem Imperium. Die Germanen sind ein raues, sehr ursprüngliches Volk. Sie leben in einem Land voller dichter Wälder. Die Böden sind wenig fruchtbar und es gibt weder Gold noch Silber. Ich glaube, dass die Germanen schon immer dort gelebt haben, denn niemand würde freiwillig in solch ein Land einwandern.

Die Germanen würden sich selbst niemals so nennen. Das Wort ist eine Erfindung der Römer. Sie fühlen sich auch kaum gegenseitig zugehörig, sondern identifizieren sich mit ihren Stämmen: Sie sehen sich als Sueben, Chatten, Cherusker, Friesen, Marser, Brukterer und so weiter, nicht als Germanen. Die unterschiedlichen Stämme hassen sich gegenseitig und liegen die meiste Zeit im Krieg miteinander. So ist es die Bestimmung jedes germanischen Mannes, als Krieger für sich und seinen Stamm Ehre zu erringen und Feinde zu töten. Sie sind nur leicht bewaffnet und neigen zu chaotischen und planlosen Angriffen, aber sie sind von größtem Mut und herausragender Tapferkeit. So haben sie den Römern viele schmerzhafte Niederlagen eingebracht. Vor etwas über einhundert Jahren haben sich sogar einige Germanenstämme zusammengetan und unter der Führung des Arminius in der Schlacht im Teutoburger Wald drei ganze Legionen vernichtet, über fünfzehntausend Römer. Eine der größten Niederlagen aller Zeiten.«

Lucius staunte. »Sie müssen Monster sein, wenn sie so etwas zustande bringen können.«

»Sie hatten Glück. Der Kommandant der römischen Armee, Varus, war ein Dummkopf und Arminius, der Anführer der Germanen, hatte als Kind viele Jahre lang als Geisel in Rom gelebt. Er wusste genau, wie die Legionen funktionieren und konnte ihre Schwachpunkte finden. Das Außergewöhnlichste daran war aber, dass so viele Germanenstämme gemeinsame Sache gemacht haben. Nur so konnten sie uns gefährlich werden. Das hat es davor und danach nie wieder gegeben.«

Die Varusschlacht

Im Jahr neun nach Christus erlebten die Römer eine der größten Niederlagen ihrer Geschichte. Arminius, der Sohn eines germanischen Fürsten, der als Kind als Geisel nach Rom geschickt und von den Römern erzogen worden war, kehrte als Offizier der römischen Armee zurück nach Germanien. Dort sah er, wie schlecht seine Landsleute behandelt wurden und er entschied, die Römer zu verraten. Heimlich organisierte er Widerstand gegen die Römer in den Stämmen Germaniens und lockte die Römer im Teutoburger Wald in eine Falle. Die drei Legionen wurden fast vollständig vernichtet. Der Kommandant der Römer, Quintilius Varus, tötete sich selbst, weil er die

Schande nicht ertrug. Die Römer mussten ihren Anspruch auf das Germanien östlich des Rheins dauerhaft aufgeben. Als der Kaiser Augustus von der Niederlage erfuhr, rief er einer Legende nach völlig erschüttert: »**Quintili Vare, legiones redde!** Quintilius Varus, gib mir die Legionen zurück!«

Tacitus sah in Lucius' ungläubige Augen, dann fuhr er fort:

»Aber die Germanen sind keine Monster. Sie sind durchaus fromme Menschen. Sie achten ihre Frauen und den Willen der Götter. Diese verehren sie nicht in Tempeln, wie wir Römer es zu tun pflegen, sondern in heiligen Hainen, Wäldern und Quellen. So wie auch die Menschen selbst, sind die Götter des Nordens der Natur stark verbunden. Den Willen der Götter erkennen sie an Vorzeichen. Seher können diese erkennen und den Willen der Götter erahnen.«

»Stimmt es, dass sie auch Menschen opfern?«, fiel Lucius ihm ins Wort. Er hatte Schauergeschichten über diesen barbarischen und blutigen Brauch der Männer des Nordens gehört.

»Ja, davon hat man gehört«, bestätigte Tacitus. »Wir Römer sehen das als Barbarei, aber für sie ist es das größte Zeichen der

Ehrfurcht vor der Macht der Götter, einen Menschen zu opfern. Sie opfern meist gefangen genommene Feinde. Die Germanen leben in langen Holzhäusern in kleinen Siedlungen mit der ganzen Familie und ihren Tieren unter einem Dach. Oft feiern sie ausschweifende Feste, manchmal tagelang. Dabei betrinken sie sich bis zur Besinnungslosigkeit mit Bier, einem furchtbar bitteren Gesöff aus Gerste und Hopfen. Aber es passt zu ihnen.« Er schwieg.

»Ich denke, das sind Wilde, ohne jeden Sinn für Zivilisation«, sagte Lucius offen heraus.

»Ja, sie sind Wilde«, entgegnete Tacitus. »Und ja, sie wollen von der römischen Zivilisation nichts wissen. Mit feinen Speisen und warmen Badehäusern wirst du sie nicht begeistern können. Aber vielleicht liegt ja auch gerade darin ihr besonderer Reiz.«

»Das verstehe ich nicht«, sagte Lucius.

»Naja, einerseits leben wir hier in Rom in überquellendem Luxus, haben alles, wonach es uns verlangt und müssen nicht fürchten, in einem kalten Winter mit schlechter Ernte zu verhungern oder von Stämmen aus der Nachbarschaft überfallen zu werden. Zweifellos sind das große Vorteile. Aber wohin hat uns das geführt? Wir Römer haben uns von der Natur entfremdet, leben zwischen Marmorsäulen statt Baumstämmen, kaufen unser Essen auf dem Markt, statt es mit unseren eigenen Händen anzubauen. In der Oberschicht herrschen Ausschweifungen und Sittenlosigkeit. Nicht wenige Senatoren unterhalten mehrere Liebschaften neben ihren Ehefrauen, sie fressen bis zur Fettleibigkeit, sind faul und interessieren sich nicht wirklich für Politik und Kriegsführung. Stattdessen besteht ihr Lebensmittelpunkt darin, sich beim Kaiser einzuschmeicheln. Die Germanen mögen Wilde sein, ja. Aber solch ein Verhalten würden sie niemals dulden. Sie besitzen Ehre. Ehre, die man hier in Rom Jahr für Jahr mehr vermisst.« In den Augen des alten Mannes lag Bitterkeit, als er verstummte.

Lucius sah ihn erschrocken an. Dass jemand so offen Kritik an der Elite Roms übte, hatte er noch nie erlebt. Auch sein Vater schien nicht besonders erfreut über Tacitus' Kommentar. Sie aßen schweigend weiter. Für den Rest des Abends vermieden alle Anwesenden das Thema Germanien und was die Römer vielleicht – oder vielleicht auch nicht – von ihnen lernen sollten und die Stimmung entspannte sich schnell wieder. Als die vierte Stunde der Nacht anbrach, erhob sich Tacitus. »Ich danke dir für die Einladung, Vitalis, aber es ist nun Zeit zu gehen. Ein alter Mann braucht seinen Schlaf.«

»Soll Tirax dich zu deinem Haus begleiten?«, fragte Vitalis und deutete auf den stämmigen Thraker.

»Nein, danke. Ich brauche keinen Schutz, ich komme zurecht.« Mit diesen Worten und einem verabschiedenden Kopfnicken verließ er das Haus und verschwand in die Dunkelheit der Nacht.

Die Germanen

»Die Germanen« sind eine Erfindung der Römer, genauer gesagt Julius Caesars. In seinem Buch »De bello Gallico« benutzt er das Wort zum ersten Mal. Die Germanen sahen sich selbst zu dieser Zeit nicht als eine zusammengehörige Einheit. Für sie war ihre Stammeszugehörigkeit weit bedeutender. Trotzdem teilten die Germanen Kulturgut miteinander: Ihre Götter, ihre Sprache und ihre Runenschrift sind nur einige Beispiele. Ihr Leben war sehr bäuerlich geprägt. In Langhäusern lebten die Germanen gemeinsam mit ihrem Vieh. Die große Stunde der Germanen kam in der späten Antike, als das Römische Reich zu zerbrechen begann. Aus der Mischung römischer, germanischer und christlicher Kultur entwickelte sich um das Jahr 500 eine ganz neue Epoche der Menschheitsgeschichte: Das Mittelalter.

15 KAPITEL

Hochmut kommt vor dem Fall - die Sage von Daedalus und Icarus

Fabia konnte nicht einschlafen. Sie lag wach in ihrem Bett, starrte an die Decke und dachte über das nach, was Senator Tacitus gesagt hatte. Sie hatte versucht, sich einen Germanenkrieger vorzustellen: groß gewachsen, harte Gesichtszüge, ein verfilzter Bart, lange Haare, dreckige Haut, furchterregende Gesichtsbemalung und einen ohrenbetäubenden Schrei auf den Lippen. Sie stellte sich vor, wie er plötzlich aus dem Dickicht des Waldes hervorbrach und seine eiserne Klinge die Luft durchschnitt. Als sie wenige Minuten später in einen unruhigen Schlaf fiel, wälzte sie sich hin und her. Plötzlich wachte sie mit einem erstickten Schrei wieder auf. Der furchterregende Germanenkrieger war ihr ins Reich der Träume gefolgt. Sie hörte schnelle Schritte auf dem Gang und wenige Augenblicke später öffnete sich die Zimmertür einen Spalt breit. Galla steckte ihren Kopf hinein. »Alles in Ordnung, meine Liebe?«

Fabia schüttelte den Kopf. »Ich kann nicht schlafen«, sagte sie leise. »Die Germanen machen mir Angst.«

Galla lächelte. »Oh nein, du musst vor ihnen keine Angst haben. Sie sind weit weg und die meisten Schauergeschichten, die man sich über sie erzählt, sind gar nicht wahr. Du hast Senator Tacitus doch gehört. Viele von ihnen treiben sogar Handel mit den Römern oder dienen in ihrer Armee.«

Fabia nickte bedächtig.

»Soll ich mich noch einen Moment zu dir setzen?«

Fabia lächelte dankbar und winkte die Sklavin an ihr Bett heran.

»Kannst du mir eine Geschichte erzählen?«, fragte sie leise. »Eine, in der keine Germanen vorkommen.«

Galla dachte kurz nach. »Natürlich, keine Germanen. Ich erzähle dir eine Sage, eine Geschichte von Göttern und Helden. Wie wäre es mit einer Geschichte über das Fliegen?

Es war einst vor langer, langer Zeit ein genialer Erfinder. Sein Name war Daedalus und er lebte auf der Insel Kreta. Zu dieser Zeit herrschte auf Kreta der König Minos. Minos war ein strenger und grausamer Herrscher. Er schreckte nicht einmal davor zurück, die Götter zu hintergehen. Einst versprach er dem Gott Neptun, ihm einen prächtigen Stier zu opfern, wenn dieser ihn zum König mache. Aber als er dann König war, wollte er den Stier behalten und opferte dem Gott stattdessen ein anderes, weniger prächtiges Tier. Als Strafe weckte Neptun das Verlangen in der Frau des Minos, mit dem Stier ein Kind zu bekommen und sie gebar ein fürchterliches, menschenfressendes Ungeheuer, halb Mensch, halb Stier, den Minotaurus. Um die Bewohner von Kreta zu beschützen, beauftragte der König den Erfinder Daedalus, eine Möglichkeit zu finden, den Minotaurus zu kontrollieren, ohne ihn zu töten. Daedalus entwarf ein undurchdringbares Labyrinth und der Minotaurus wurde in dessen Mitte gesperrt, sodass er nie wieder hinausfand. Um den Hunger des Minotaurus zu stillen, hatte Minos einen grausamen

Plan. Alle neun Jahre mussten die Bürger von Athen, einer Stadt, die König Minos im Krieg besiegt hatte, sieben junge Männer und sieben junge Frauen auswählen und auf einem Schiff nach Kreta schicken. Dort wurden sie in das Labyrinth gebracht und bei lebendigem Leibe vom Minotaurus gefressen. Doch eines Tages kam ein junger Mann aus Athen auf eines dieser Schiffe – sein Name war Theseus. Er hatte geschworen, den Minotaurus zu töten und endlich den schrecklichen Blutzoll zu beenden, den der böse Minos seiner Stadt auferlegt hatte. Doch er wusste nicht, wie er es schaffen sollte, wieder aus dem Labyrinth herauszufinden. Er überlegte viele Tage und Nächte, doch er hatte keine Idee.

Da schlich eines Nachts Prinzessin Ariadne, die Tochter von König Minos, zu ihm. Sie hatte sich in den schönen Helden aus Athen verliebt und sie hatte eine Idee, wie sein Vorhaben gelingen könnte. Vorsichtig klopfte sie an die Tür des Verlieses, in dem Theseus gefangen gehalten wurde, bis er am nächsten Morgen ins Labyrinth geschickt würde. Theseus hatte die Hoffnung schon fast aufgegeben, als plötzlich das schöne Mädchen am Gitter erschien. ›Theseus‹, zischte sie leise. Er blickte zu ihr auf. ›Ich habe hier etwas, das deinem Plan zum Erfolg verhelfen wird.‹ Sie lächelte. ›Aber du musst mir versprechen, mich mit nach Athen zu nehmen, weg von meinem furchtbaren Vater.‹ Er nickte zustimmend und ein Lächeln umspielte seine Lippen. Ariadne öffnete ihre Hand. Darin lag ein Knäuel Wolle.« Galla stockte. »Hast du eine Idee, was Ariadnes Plan war?«, fragte sie Fabia.

Sie schüttelte den Kopf. »Mit Wolle ein Monster besiegen? Ich weiß nicht, wie das funktionieren soll.«

Galla lächelte. »Ja, manchmal sind es ganz unscheinbare Dinge, die große Taten erst möglich machen. Natürlich hatte Theseus auch ein Schwert unter seiner Kleidung verborgen, um den Minotaurus zu töten. Aber ohne die Wolle hätte ihm das gar nichts genutzt. Am nächsten Morgen schickten die Soldaten des Minos Theseus in das Labyrinth. Schon von weitem hörte er die furchterregenden Schreie des hungrigen Monsters. Als er durch die Pforte trat, band er den Faden daran fest und auf seinem Weg durch das Labyrinth rollte er langsam das Wollknäul ab.«

»Ah!« Jetzt verstand Fabia: »Er hat seinen Weg markiert.«

Galla nickte. »So ist es. Als er schließlich die Mitte des Labyrinths erreichte, stand er plötzlich dem Minotaurus gegenüber. Der Anblick muss furchterregend gewesen sein. Ein brüllendes Biest mit weit aufgerissenem Maul und gebleckten Zähnen.«

Fabia schauderte.

»Aber Theseus war ein tapferer Mann. Er lieferte dem Minotaurus einen wilden Kampf und erschlug ihn schließlich. Am Faden entlang eilte er aus dem Labyrinth und floh mit Ariadne von Kreta. Als Minos das hörte, tobte er vor Wut. Er ließ Daedalus, den Erbauer des Labyrinths, zu sich bringen und schrie ihn an:

›Daedalus, du elender Verräter! Ein Labyrinth, aus dem niemand je entkommen kann, hast du mir versprochen! Du hast gelogen. Theseus ist fort und mit ihm Ariadne. Das wirst du mir büßen!‹

In seinem rasenden Zorn befahl er, Daedalus und seinen Sohn Icarus in einen hohen Turm zu sperren und streng bewachen zu lassen. So fanden sich die beiden in einem kleinen Zimmer wieder, an der Spitze des Turmes, am Rande der Klippen über dem Meer.

›Auf dem Land patrouillieren Soldaten und auf dem Meer Schiffe‹, sagte Icarus zu seinem Vater. ›Wie sollen wir da jemals entkommen?‹

Daedalus überlegte. ›Wenn Land und Wasser versperrt sind, dann bleibt nur eine Möglichkeit.‹ Sein Blick wanderte hinaus aus dem Fenster und er sah einen Vogel, der über den Turm hinwegflog. ›Ein Vogel müsste man sein‹, sagte er und grinste verschmitzt.

Icarus sah ihn verständnislos an. ›Ein Vogel? Du willst doch nicht etwa durch die Luft fliehen? Wie soll das gehen?‹

›Lass das nur meine Sorge sein.‹

Ich hatte ja gesagt, dass Daedalus ein genialer Erfinder war. Aber was er in diesem kleinen Turmzimmer schuf, übertraf einfach alles. Er sammelte Vogelfedern und klebte sie mit Kerzenwachs aneinander, so lange, bis er vier große Flügel gebaut hatte. Eines Morgens, als die Sonne gerade über den Horizont stieg, weckte er seinen Sohn.

›Icarus, wach auf. Es ist soweit.‹ Er legte seinem Sohn die Flügel an und prüfte sie sorgfältig. Dann sah er ihm ernst in die Augen. ›Du musst mir etwas versprechen, mein Sohn. Flieg vorsichtig und nicht zu hoch. Bleib dicht bei mir!‹ Icarus nickte.

›Also gut. Dann los.‹ Daedalus hockte sich auf den Fenstersims, breitete die Flügel aus und sprang. Die Luft sauste an ihm vorbei und kurz dachte er, er würde abstürzten. Doch dann spürte er die Luft unter seinen Flügeln und es drückte ihn nach oben. Mit einem Flügelschlag segelte er über das blaue Meer. Hinter ihm tat Icarus es ihm gleich und er stieß einen Freudenschrei aus, als auch er bemerkte, dass es gelang. Die Wachen unten auf den Klippen schauten verdutzt nach oben und gestikulierten wild mit den Armen. Doch ihre Gefangenen waren unwiederbringlich fort.«

Fabia grinste. »Was für eine großartige Geschichte! Ich würde auch gern mal wie ein Vogel durch die Luft fliegen.«

Doch Gallas Miene war ernst. »Leider ist sie noch nicht vorbei. Die beiden flogen über das Meer und Kreta war kaum noch am Horizont zu erkennen. Da packte Icarus plötzlich der Hochmut und die Versprechungen, die er seinem Vater gegeben hatte, waren vergessen. Mit kräftigen Flügelschlägen stieg er höher und höher und jauchzte vor Begeisterung. Daedalus rief ihm warnende Worte zu, flehte ihn an, vorsichtig zu sein, aber sein Sohn hörte ihn nicht und mit Icarus' jugendlicher Kraft konnte Daedalus nicht mithalten. So kam es, wie es kommen musste. Icarus flog immer höher und schließlich war er der Sonne so nah, dass das Wachs, das seine Flügel zusammenhielt, zu schmelzen begann. Als er es bemerkte, war es schon zu spät. Eine Feder nach der anderen verlor den Halt und segelte hinab in die Tiefe.

Dann brach plötzlich mit einem lauten Krachen der ganze Flügel auseinander und Ikarus fiel, immer schneller und schneller kam die glänzend blaue Wasseroberfläche auf ihn zu. Er schrie panisch. Auch Daedalus schrie laut den Namen seines Sohnes, doch er konnte nichts ausrichten. Mit einem lauten Knall schlug Icarus auf die Wasseroberfläche auf und verschwand im schäumenden Meer. Einen Sturz aus so großer Höhe überlebt ein Mensch nicht – ob auf Wasser oder auf Land. Sein Übermut war sein Ende, gerade in dem Moment, als er die Freiheit wiedererlangt hatte. Es ist ein trauriges Ende für eine Geschichte, aber ein lehrreiches. Icarus hat nicht auf die Warnungen seines Vaters gehört. Er war hochmütig und unvorsichtig. So etwas verzeihen die Götter nicht.«

Fabia schaute sie traurig an. »Da hast du wohl recht.«

Galla nickte. »Beherzige das, Fabia. Hochmut kommt stets vor dem Fall.« Mit diesen Worten löschte sie die kleine Öllampe und verließ das Zimmer.

Die Sagenwelt der Griechen und Römer

Rund um die Götter rankten sich im antiken Griechenland viele Sagen. Vor allem Heldengeschichten waren beliebt, wie zum Beispiel von Theseus, der den Minotaurus besiegte. Oft waren die Götter selbst die Handelnden in den Geschichten. Besonders bekannt sind auch die Geschichten rund um Achilles und den Trojanischen Krieg und die Irrfahrt des Odysseus, von denen der griechische Dichter Homer in seinen Epen Ilias und Odyssee erzählt. Berühmt sind außerdem Hercules und seine zwölf Aufgaben oder Perseus und Medusa, eine Frau mit Haaren aus Schlangen, deren Blick Menschen zu Stein verwandeln konnte.

16 KAPITEL

Ein unerwartetes Wiedersehen

Am nächsten Morgen versammelte sich die ganze Familie im Atrium, um die Zeremonie für die Götter des Hauses abzuhalten. In jedem römischen Haus gab es zu diesem Zweck einen kleinen Altar, das **lararium**. Hier wurden verschiedene Gottheiten verehrt. Nicht die großen Gottheiten der staatlichen Religion – ihr Ort waren die großen Tempel aus Marmor überall in der Stadt, sondern kleine Gottheiten und Geister, die über Haus und Familie wachten. Die Laren, Geister der verstorbenen Vorfahren, waren die Beschützer der Familie. Die Penaten, Geister der Vorratskammer, wachten über die Nahrungsvorräte, hielten die Ratten von ihnen fern und inspirierten die Haussklaven in der Küche zu immer neuen Kreationen. Schließlich gab es noch die persönlichen Geister jedes Familienmitglieds. Die Geister der Männer wurden »Genius« genannt, die der Frauen »Iuno«.

Als **pater familias**, also als Familienvater, war Senator Vitalis für die korrekte Ausführung der Kulthandlungen verantwortlich und sein Genius nahm eine besondere Stellung in den Zeremonien ein. Eine kleine aus Holz geschnitzte Figur dieses Geistes stand im **lararium**. Dahinter leuchtete der warme Schein eines kleinen Feuers. Fabia rieb sich den Schlaf aus den Augen und versuchte, aufrecht zu stehen. Den Göttern musste man Respekt erweisen. Ihr Vater zog sich die Toga über den Kopf, ebenfalls ein Zeichen des Respekts vor den Göttern, und trat an das **lararium** heran. Er hob die Hände und sprach ein kurzes Gebet an Jupiter, dann an die Götter des Hauses und schließlich an seinen Genius und erbat Glück und ein günstiges Schicksal für sich und seine Familie. Nach jedem Gebet hielt er kurz inne und goss etwas mit Honig gesüßten Wein in das kleine Feuer, dass jedes Mal qualmend zischte. Dies war die Opfergabe und indem er sie verbrannte, gelangte sie zur ihr geweihten Gottheit. »**Iuppiter optimus maximus**, Laren und Penaten des Hauses und Genius meiner Person, wenn irgendetwas an diesem Opfer euer Missfallen erregt hat, so nehmt diesen Wein als Zeichen der Entschuldigung eines unvollkommenen Sterblichen.« Mit diesen rituellen Worten schloss er das Gebet und goss langsam den restlichen Wein in die Flammen.

Der häusliche Kult

In der Vorstellung der Römer war die ganze Welt vom Göttlichen durchdrungen. Dies äußerte sich darin, dass es niedere Götter für so ziemlich alles gab: Flüsse hatten eigene Flussgötter, Straßenkreuzungen hatten Altäre für eigene Götter, Häuser ebenso und auch ihre Bewohner selbst. Dieser private Kult ergänzte den staatlichen öffentlichen Kult und nahm für viele einfache Menschen eine zentrale Rolle in ihrer Religiosität ein.

In dem Moment, als er das Opfer beendet hatte und vom Lararium zurücktrat, klopfte es plötzlich an der Tür. Alle wandten sich um. Wer konnte das sein, zu so früher Stunde? Tirax stand von seinem Platz neben der Tür auf und öffnete sie einen Spaltbreit.

»Hallo, Tirax«, drang eine vertraute Stimme ins Atrium.

»Herr, Ihr seid zurück«, antwortete Tirax überrascht und senkte den Kopf. Mit einem Ruck zog er sie weit auf. Auf der Schwelle stand Marcus. Er trug eine Militäruniform mit rotem Mantel, ledernen Sandalen, Beinschienen und einem kunstvoll gearbeiteten Brustpanzer, auf dem Abzeichen prangten. Sein Gesicht zeigte ein freudiges Lächeln. »So sieht man sich also wieder.«

Quintilla war die Erste, die sich regte. »Marcus, mein Junge, du bist wieder da!« Sie fiel ihrem Sohn in die Arme.

Kurz darauf hatten auch die anderen Familienmitglieder ihre Überraschung überwunden.

»Ich bin so froh, wieder hier zu sein«, sagte Marcus, nachdem er alle umarmt hatte. »Das Wetter in Germanien treibt einen noch in den Wahnsinn und dieses Gesöff, das sie dort als Wein verkaufen, ist sauer und völlig ungenießbar.« Er lachte schallend. Sie legten sich gemeinsam zu Tisch und Marcus erzählte von seinen Erlebnissen in Germanien: von dem breiten, eiskalten Fluss mit dem Namen Rhenus, der die Grenze zwischen der römischen Provinz und dem freien Germanien war, von dem großen Militärlager, in dem seine Legion stationiert gewesen war, wie er bei der goldenen Adlerstandarte der Legion geschworen hatte, sie mit seinem Leben zu verteidigen. Auch von seiner Begegnung mit der germanischen Bevölkerung, von den dunklen Wäldern, den Göttern des Nordens und Expeditionen auf die andere Seite des Flusses berichtete er.

17
KAPITEL

Unter den Adlern - die römischen Legionen

Am Abend schlich sich Lucius in Marcus' Zimmer. Dieser hatte seine Uniform abgelegt. Sie lag fein säuberlich auf einer Truhe. Marcus saß an seinem Tisch und las in einer Schriftrolle. Lucius räusperte sich. Sein Bruder sah sich um. »Ah, Lucius. Was verschafft mir denn die Ehre deines Besuchs zu so später Stunde?« Er lachte. Marcus scherzte immerzu. Das hatte er früher schon getan.

Lucius lächelte verlegen. »Ich wollte mir deine Uniform ansehen.«

Marcus stand auf und deutete darauf. »Nur zu.« Er bückte sich und hob hinter der Truhe seinen Helm hervor. Er war aus Bronze gefertigt. Links und rechts hingen zwei Klappen hinunter, die im Kampf die Wangen schützten. An deren unteren Enden befanden sich Lederriemen, mit denen der Helm unter dem Kinn festgeschnürt werden konnte. Oben auf dem Helm war eine große Verzierung aus Pferdehaar angebracht. Der Helmbusch lief längs, von hinten nach vorn. Ein Zeichen für Marcus' Rang als Tribun.

»Möchtest du den hier mal aufsetzen?«

Lucius nickte. Der Helm war schwerer, als er erwartet hatte. Außerdem war er viel zu groß und wackelte auf seinem Kopf hin und her. Aber das machte Lucius nichts aus.

»Jetzt siehst du aus wie ein echter Legionär«, scherzte Marcus und lachte.

Lucius stimmte ein. »Erzähl mir von den Legionen. Wie ist es da?«

»Die Legionen sind die beste Armee der Welt. Wie sonst hätten wir Römer all die Länder erobern können, die wir heute beherrschen? Die einfachen Legionäre sind römische Bürger, die sich für fünfundzwanzig Jahre zum Dienst in der Armee verpflichten. Sie werden in verschiedene Einheiten aufgeteilt. Die kleinste Einheit ist die Zeltgemeinschaft. Immer acht Legionäre teilen sich ein Zelt, eine Getreidemühle und ein Maultier. Alles andere müssen die Soldaten selbst tragen, wenn sie auf Marsch sind: Ihre Kleidung, Rüstung, ihren Schild, ihr Schwert und ihre Wurfspeere, aber auch ihr Geld und ihr Kochgeschirr. Ein Legionär ist schwer bepackt.

Die Maultiere des Marius

Das Marschgepäck eines römischen Sol-daten, auch »Legionär« genannt, wog gut und gerne 40 Kilogramm. Mit diesem Gepäck und in voller Rüstung legten sie oft über 20 Kilometer am Tag zurück und errichteten am Abend noch ein Lager – eine beachtliche Leistung! Weil sie so schwer bepackt waren, nannte man die Legionäre, die in dieser Form von einem Feldherren namens Marius erstmals organisiert worden waren, scherzhaft auch **muli Mariani** – die Maultiere des Marius.

Jeweils zehn Zeltgemeinschaften, also achtzig Mann, bilden eine Zenturie. Das ist die wahrscheinlich wichtigste Einheit, in diesem Verbund operieren die Legionäre im Kampf. Die Zenturie wird von einem Zenturio befehligt. Man erkennt ihn an seinem Helmbusch.« Er deutete auf seinen Helm. »Anders als bei meinem Helm verläuft der Helmbusch eines Zenturios quer, von links nach rechts. Zenturionen sind tapfere Männer. Sie kommen aus den Reihen der einfachen Soldaten und wurden befördert, weil sie besondere Tapferkeit und Führungsstärke bewiesen haben. Ihnen zur Seite steht der Optio, der sich um die Schreibarbeit und Verwaltung der Zenturie kümmert. Viele Optionen werden später einmal selbst zu Zenturionen befördert und befehlen ihre eigenen achtzig Mann. Je sechs Zenturien bilden eine Kohorte und zehn Kohorten bilden eine Legion, etwa fünftausend Mann. Befehligt wird so eine Legion von einem Legaten, einem erfahrenen Mann aus dem Senatorenstand. Ihm zur Seite steht der Lagerpräfekt, der höchste Rang, den ein einfacher Legionär erreichen kann und die Militärtribunen, Männer wie ich. Junge Leute aus vornehmen Familien, die ein wenig Armeeluft schnuppern sollen, bevor sie sich in Rom um ihre politische Karriere kümmern. Wenn sie Talent zeigen, kehren sie vielleicht eines Tages als Legat zur Armee zurück und bekommen ein richtiges Kommando.

Wenn die Legion auf dem Marsch ist, errichtet sie jeden Abend ein Lager. Das ist ein beeindruckendes Schauspiel. Eines der Erfolgsgeheimnisse der römischen Armee ist, dass unsere Soldaten nicht nur Krieger sind, sondern auch Handwerker. Wenn ein Platz für das Lager gefunden ist, wird innerhalb von wenigen Stunden ein Graben ausgehoben, ein Wall aufgeschüttet, Bäume werden gefällt und eine Palisade wird errichtet. Dann erst bauen die Soldaten ihre Zelte auf. In ordentlichen, geraden Reihen, sortiert nach Zenturien. Erst wenn alles fertig ist, machen sie Feuer, mahlen Getreide und bereiten ihr Abendessen zu. Meist sitzen sie dann den ganzen Abend um ihre Feuer, spielen Würfel, singen und machen derbe Scherze. Außer natürlich diejenigen, die zum Wachdienst eingeteilt sind. Sie müssen oben auf der Palisade stehen und ihre Kameraden im Notfall vor Angreifern warnen.

In der Mitte des Lagers wird ein großes Zelt für den Legaten und seinen Stab errichtet, das **praetorium**. Dort befindet sich auch der Adler der Legion.«

Lucius' Augen leuchteten. »Erzähl mir vom Adler.«

»Er ist wunderschön, aus massivem Gold gearbeitet und wird Tag und Nacht streng bewacht. Alle Soldaten schwören beim Adler der Legion ihren Eid auf Rom und den Kaiser und jeder würde ihn mit seinem Leben verteidigen. Wenn der Adler verloren geht, wäre das der Untergang der Legion.« Er dachte kurz nach. »Ich glaube, neben den handwerklichen Fähigkeiten der Soldaten ist der Adler der zweite von drei Gründen, warum die Legionen so erfolgreich sind. Er stärkt das Zusammengehörigkeitsgefühl der Männer und macht ihnen in der Schlacht Mut. Er hält ihnen die Größe Roms und unserer Götter vor Augen und erinnert sie daran, wofür sie kämpfen.«

»Und was ist der dritte Grund?«, wollte Lucius wissen.

»Der dritte Grund ist der wichtigste«, antwortete Marcus. »Er lautet ›Disziplin‹. Es gibt eine klare Befehlskette. Die Männer führen ihre Befehle aus und stellen sie nicht infrage. Sie handeln nicht auf eigene Faust. Das ermöglicht es, dass die Legion wie eine riesige Maschine funktioniert, als etwas Ganzes, das stärker ist als die Summe aller Teile. Die Germanen greifen in wildem Zorn an, ohne Struktur und Ordnung, jeder Mann für sich. Wir Römer kämpfen anders. Die Legionäre bilden eine Schlachtreihe, formen einen Wall aus ihren Schilden. Die zweite Reihe stützt die erste und jeder schließt die Lücken zu seinem Nebenmann. Die Legionäre kämpfen mit einem kurzen Schwert, dem **gladius**. Damit können sie in der engen Schlachtreihe kämpfen, ohne ihre Kameraden zu verletzten. Sie schwingen es nicht wild durch die Luft, wie die Germanen, sondern sie stechen aus der Deckung heraus mit den spitzen Klingen zwischen den Schilden hervor. An einem guten Schildwall zerbricht jeder planlose Angriff, ich habe es mehrmals selbst gesehen. Die Disziplin der Soldaten ist unerschütterlich. Sie kämpfen als Einheit statt als Einzelne. Das ist das Geheimnis unseres Erfolgs.«

Die römische Armee

Die römische Armee war ein Schlüssel für Roms Aufstieg zur Weltmacht. Es gab in der Antike keine vergleichbare Armee – weder in ihrer Größe noch in der Qualität ihrer Ausrüstung noch in Disziplin und Training. Römische Bürger konnten sich für 25 Jahre zum Dienst in der Armee verpflichten. Sie bekamen einen monatlichen Sold und beim Ausscheiden aus der Armee ein Stück Land. Der größte Teil der Legionäre war Fußsoldaten, man sagt auch »Infanterie«. Einige wenige ritten auf Pferden (Kavallerie) oder bedienten Geschütze wie zum Beispiel Balisten (Artillerie).

Die Legionen wurden von Hilfstruppen unterstützt, die aus der einheimischen Bevölkerung der Provinzen rekrutiert wurden. Nach dem lateinischen Wort für Hilfe, **auxilium**, nennt man diese Einheiten auch Auxiliartruppen. Diese hatten meist besondere

Fähigkeiten und Aufgaben. Zum Beispiel waren die Bataver, ein Germanenstamm aus den heutigen Niederlanden, besonders gute Reiter und Schwimmer. Männer von den Balearen, also zum Beispiel von der Insel Mallorca, galten als besonders gute Schleuderschützen.

Die Armee bestand aus einer Vielzahl von Legionen, großen Einheiten von etwa fünftausend Mann. Die Legionen gliederten sich in zehn Kohorten, diese wiederum in sechs Zenturien von je achtzig Mann. Der leitende Offizier einer Zenturie hieß Zenturio. Einen Sonderfall stellte die erste Kohorte dar. Sie bestand aus fünf Doppelzenturien und galt als Elitetruppe der Legion.

Der ranghöchste Zenturio einer Legion wurde **primus pilus** genannt, das bedeutet »Erster Speer«. Die Legion als Ganzes wurde vom Legaten befehligt, dem als weitere hohe Offiziere die Tribunen und der

Lagerpräfekt zur Seite standen. Der Legat war meist dem Statthalter der Provinz unterstellt, in der die Legion operierte.

18
KAPITEL
In den Thermen

Lucius, Marcus und Senator Vitalis liefen durch die Gassen der Stadt den Aventin hinunter, vorbei an Circus und Amphitheater, hin zum sanften Hang des Esquilin. Hier befand sich eines der größten Bauwerke der Stadt. Hinter einer Mauer und einer umlaufenden Gartenanlage erhoben sich die mächtigen Mauern, Bögen und Kuppeln der Trajansthermen. Das gewaltige Badehaus war vom Vorgänger des aktuellen Kaisers, Trajan, errichtet worden. Das Volk hatte ihn dafür geliebt. Die Thermen waren voller Luxus – ein Palast für das Volk. Wie bei fast allen Römern gab es in Senator Vitalis' Haus auf dem Aventin kein Bad. Stattdessen besuchten alle Familienmitglieder regelmäßig die öffentlichen Thermen. Marcus schaute sich lächelnd um. »Ich hatte ganz vergessen, wie schön es hier ist. Oben in Germanien gab es eine Stadt direkt neben unserem Lager, die **Colonia Ulpia Trajana**. Dort gibt es auch Thermen. Aber im Vergleich zu diesen hier sehen sie wohl aus wie ein besserer Wasserbottich.«

Ein Sklave empfing die drei am Eingang. »Seid gegrüßt. Darf ich hier Eure Kleider verwahren?«

Senator Vitalis schnippte dem Sklaven einige Sesterzen zu und begann, seine Tunika abzulegen.

»Danke, sehr freundlich«, erwiderte der Sklave lächelnd und deutete auf ein Loch in der Wand. »Ihr könnt sie hier verstauen. Ich werde achtgeben, dass sie niemand anrührt.«

Alle taten es Senator Vitalis gleich, entledigten sich ihrer Kleidung und wickelten sich stattdessen ein Badetuch um. Durch einen Torbogen traten sie in den Hauptraum der Anlage: Das **frigidarium.** Ein großes flaches Becken voll kalten Wassers beherrschte den Raum. Um dieses herum befanden sich marmorne Sessel, in denen eine Vielzahl von Menschen saßen. Auch im Becken war es voll. Kinder plantschten im Wasser herum und spritzten sich gegenseitig Wasser ins Gesicht, sehr zum Ärger einiger älterer Personen, die sich dort entspannen wollten. Marcus stieß Lucius in die Seite. »Gehen wir raus auf den Sportplatz und spielen eine Runde Ball, bevor wir das Bad beginnen?«

Lucius strahlte. Früher hatte er immer mit Marcus Ball gespielt. »Wer als Erstes draußen ist, fängt an!« Er sprintete los und Marcus rannte lachend hinterher. Einige Besucher drehten sich verärgert zu ihnen um, doch die meisten störten sich nicht weiter daran. Gegen Marcus, der in den letzten Jahren viel militärisches Training absolviert hatte, hatte Lucius keine Chance. Schon bald hatte sein großer Bruder ihn eingeholt. Draußen gab es einen von einer Mauer umgebenen Sportplatz. In einer Ecke übten sich ein paar Jugendliche im Faustkampf, in einer anderen im Speerwurf. Marcus schnappte sich einen Ball. »Ich habe gewonnen, ich fange an«, verkündete er lachend. »Du kennst die Regeln: Ich werfe den Ball so hoch ich kann und du musst ihn wieder auffangen, ohne dabei den Boden zu berühren.« Mit einer schnellen Bewegung schleuderte er den Ball hoch in die Luft. Er wurde kleiner und kleiner. Dann stand er kurz still und senkte sich immer schneller wieder zum Boden. Lucius fixierte den Ball mit seinem Blick und rannte los zu der Stelle, wo der Ball wieder den Boden berühren würde. Im letzten Moment sprang er ab und fing den Ball in der Luft auf. »Ja! Ich hab' ihn!«, rief er und streckte triumphierend die Faust in die Höhe.

Marcus nickte anerkennend. »Sehr gut. Jetzt bist du dran.« Sie spielten einige Runden und in der Nachmittagshitze kamen beide schnell ins Schwitzen. Als Marcus den Ball zum zehnten Mal fing, deutete er mit einem Kopfnicken zum **frigidarium**. »Ich denke, es wird Zeit sich abzukühlen.«

Als er mit einem großen Satz in das kalte Wasser sprang, war es, als würden tausende Nadeln Lucius' Haut durchbohren. Er tauchte ein paar Meter, dann durchbrach sein Kopf die Wasseroberfläche wieder und er schüttelte sich das kühle Nass aus den Haaren. Sofort fühlte er sich erfrischt. Marcus und Lucius fanden ihren Vater auf einem Sessel in der hinteren Ecke des Frigidariums. Ein Sklave schüttete ihm Olivenöl über den Rücken und reinigte die Haut mit einem **strigilis**, einem Schaber aus Eisen. Nachdem die Behandlung abgeschlossen war, machten sie sich gemeinsam auf ins **caldarium**, den Heißbaderaum. Durch ein komplexes System von Öfen und Hohlräumen unter den Böden und in den Wänden wurde der Raum stark aufgeheizt. Alle zogen sich Holzschuhe über, um sich auf dem heißen Boden nicht die Füße zu verbrennen. Hier im **caldarium** war es ruhiger als im **frigidarium**. Die Männer und

Frauen saßen in kleinen Wannenbädern im warmen Wasser, unterhielten sich mit gedämpfter Stimme oder genossen schweigend die wohlige Wärme. Nicht wenige schnarchten leise vor sich hin. Eine große Fensterfront öffnete den Raum zur Stadt hin und Lucius bestaunte die Aussicht über die Dächer Roms.

Ein Mann, der allein in einem der Becken saß, winkte sie zu sich heran. »Ah, Gaius, schön dich zu sehen«, begrüßte Senator Vitalis ihn und stieg zu ihm ins Becken. Er wandte sich an Lucius. »Du erinnerst dich doch an Gaius Licinius, den Ädil?«

Lucius nickte.

»Hallo Lucius«, sagte der Ädil und wandte sich dann an dessen Bruder. »Marcus, du bist wieder hier? Hast du etwa genug von Germanien?«

Marcus lachte. »Ja, Gaius, ich bin gestern zurückgekehrt. Glaub' mir, ich bin froh, wieder hier zu sein.«

Ein Sklave kam heran und goss warmes Wasser über die Schultern der Männer.

»Und jetzt?«, fragte Gaius Licinius an Marcus gewandt. »Was kommt als nächstes? Willst du dich für die Quästur bewerben?«

Der Weg junger Adliger verlief in aller Regel gleich: Nach der

Schule ging man als Militärtribun zu den Legionen und diente dort einige Jahre. Zurück in Rom begann man die politische Karriere. Zunächst ließ man sich in das Kollegium der zwanzig Quästoren wählen, die den Statthaltern in den Provinzen des Reiches zur Seite standen. Dieses Amt bekleidete man ein Jahr, dann nahm man seinen Sitz im Senat ein.

Die weiteren Schritte waren ebenfalls festgelegt: Nach einigen Jahren konnte man Ädil werden, wie Gaius Licinius. Dann folgte das Amt des Prätors, in dem man für ein Jahr eines der Gerichte leitete und schließlich das Konsulat, das höchste Amt, das ein Mann außerhalb der Kaiserfamilie erreichen konnte. Diese Abfolge der Ämter nannte man den **cursus honorum**. Nur wenige schafften es jemals, Konsul zu werden, denn jedes Jahr waren nur zwei Posten zu besetzen. Wer Glück hatte, wurde nach dem Konsulat zum Statthalter einer Provinz ernannt – ein sehr einträglicher Posten, mit dem man seine Finanzen aufbessern konnte. Früher waren alle Ämter von der Volksversammlung gewählt worden, doch inzwischen wurden die Ämter in der Regel vom Kaiser vergeben.

Marcus überlegte kurz. »Ja, ich hoffe darauf. Eines Tages würde ich auch gern als Legat eine eigene Legion kommandieren. Aber bis dahin ist es ein weiter Weg.«

Licinius nickte. »Ja, das stimmt. Aber die Quästur dürfte kein allzu großes Problem darstellen. Vielleicht hast du ja dieses Mal mehr Glück und bekommst eine schöne Provinz, nicht so ein verregnetes Loch wie Germanien. Sizilien vielleicht, oder etwas in Griechenland.«

»Wollen wir es hoffen«, entgegnete Marcus und grinste.

Gaius Licinius wandte sich an Vitalis. »Ich habe mich übrigens um das Anliegen deines Klienten gekümmert. Der Getreidehändler wird so schnell niemanden mehr über den Tisch ziehen.«

»Ich danke dir. Du hast einen Gefallen bei mir gut.«

»Das will ich doch meinen.« Die beiden lachten.

Lucius ging gern in die Thermen. Man sah hier allerhand verschiedene Menschen, denn die Thermen standen allen in Rom offen: Handwerker und Soldaten, Frauen und Männer, Senatoren, ja sogar der Kaiser selbst zeigte sich hier manchmal.

Die Thermen

In jeder größeren römischen Stadt gab es mindestens ein Badehaus. Da fast niemand ein eigenes Bad zuhause hatte, wurden sie rege genutzt: Nicht nur zum Waschen, sondern auch zur Entspannung, zum Sport oder um Bekannte zu treffen. In allen Thermen gab es die gleichen Räume, etwa das Kaltbad **frigidarium** und das Warmbad **caldarium**. Die Fußbodenheizung war eine geniale Erfindung der Römer. Durch die Thermen wurde allen Menschen Zugang zu Hygiene ermöglicht, was die Gefahr von Seuchen verringerte und ein wesentlicher Faktor für die Stabilität des Römischen Reiches war.

19

KAPITEL

Alea iacta est - Caesar und das Ende der Republik

Gaius Licinius verabschiedete sich bald. Marcus aber, der mehrere Jahre die Wonnen der Trajansthermen vermisst hatte, bat darum, noch etwas zu bleiben. Durch die großen Fenster des **caldariums** beobachteten die drei den Sonnenuntergang. Langsam legte sich die Dunkelheit über Rom. Schweigend sahen sie, wie überall in der Stadt Fackeln und Öllampen entzündet wurden und bald schauten sie über ein Meer von kleinen orangefarbenen Lichtern. Marcus brach das Schweigen. »Es ist wunderschön hier in Rom. Diese Stadt ist mit nichts auf der ganzen Welt zu vergleichen.«

Vitalis nickte. »Man lernt es erst zu schätzen, wenn man länger weg gewesen ist. Das ging mir genauso. Und es ist kein Wunder, dass diese Stadt die Herzen so vieler ehrgeiziger Männer in ihren Bann gezogen hat. Wer Rom beherrscht, beherrscht die Welt.« Er deutete auf eine Reihe von Statuen, die in Nischen in der Wand standen, die den Fenstern gegenüberlagen. Es sah aus, als würden sie alle sehnsüchtig über die Stadt blicken. Lucius erkannte einige der Statuen. Die meisten zeigten Kaiser: Augustus, Claudius, Vespasian und natürlich Trajan, den Erbauer der Thermen. Es waren aber auch Männer aus der Zeit der Republik abgebildet: Camillus, Marius, Cicero. Eine Statue stand zwischen den Kaisern und den Männern der Republik. Der Abgebildete hatte harte Züge, ein mageres Gesicht mit hoher Stirn und lichtem Haar. In den Augen des Mannes lag Kälte. Marcus folgte Lucius' Blick. »Alle bleiben sie immer an ihm hängen«, lachte er. »Wohin man auch kommt, er scheint schon da zu sein. Sein Wirken ist wohl das mächtigste von allen Römern, die jemals einen Fuß in diese Stadt gesetzt haben.«

»Wer ist dieser Mann?«, fragte Lucius, doch er ahnte die Antwort.

»Sein Name war Gaius Julius Caesar«, antwortete Vitalis, »und dein Bruder hat recht. Niemand hat Rom so sehr verändert wie er.«

Natürlich kannte Lucius Caesar. Jedes Kind in Rom kannte ihn, obwohl sein dramatischer Tod schon über einhundertfünfzig Jahre zurücklag. Doch jetzt wollte er es genau wissen. »Inwiefern hat er Rom verändert?«, fragte er.

Sein Vater nahm die Frage auf. »Oh Lucius, um das zu begreifen, müssen wir vorn beginnen.« Er blickte aus den großen Fenstern.

»Aber warum nicht? Wir haben ja noch fast eine Stunde, bis die Thermen schließen.

Als Gaius Julius Caesar geboren wurde, war Rom noch eine Republik. Seit dem Sieg über Hannibal waren etwas mehr als hundert Jahre vergangen. Jedes Jahr kam das Volk auf dem Marsfeld vor der Stadt zusammen, um die Amtsträger für das kommende Jahr zu wählen: Konsuln, Prätoren, Ädilen, bis hinunter zu den Quästoren. Kein Kaiser trübte dieses Bild. An seinem Namen hast du ja sicher erkannt, aus welcher Familie Caesar stammte.«

»Sein Familienname ist Julius, also kommt er aus der Familie der Julier«, kombinierte Lucius.

»Ganz recht. So wie unsere eigene Familie, die Fabier, gehörten auch die Julier zu den vornehmsten Familien Roms, die ihre Vorfahren bis weit in die Vergangenheit zurückverfolgen konnten. Doch die Julier hatten eine Besonderheit. Sie führten ihre Abstammung auf Julus zurück, den Gründer von Alba Longa. Ich habe ihn doch schonmal erwähnt, als ich die Geschichte von Romulus und Remus erzählte. Erinnerst du dich? Dieser Julus war der Sohn des Aeneas, eines Helden der Schacht um Troja, von der die alten griechischen Schriften berichten. Dessen Mutter soll die Göttin Venus selbst gewesen sein. Du siehst also, Caesar hatte allen Grund, sich in einer besonderen familiären Tradition zu sehen, ja sogar als ferner Abkömmling einer Göttin. Dies stand aber in extremem Widerspruch zu seiner tatsächlichen Situation. Die Familie der Julier hatte damals den Großteil ihres Reichtums und Einflusses verloren. Caesar lebte eine Zeit lang sogar in der Subura.«

Beim Gedanken an das stinkende Armenviertel rümpfte Lucius die Nase.

»Doch Caesar war talentiert, ehrgeizig und fest entschlossen, dem Namen seiner Familie die Ehre zu machen, die ihm gebührte. Er stieg schnell auf: Quästor, Ädil, Prätor. Danach ging er als Statthalter nach Hispanien auf der Iberischen Halbinsel im Westen des **mare nostrum** und führte Krieg gegen die Lusitaner. Damals wurde zum ersten Mal sein großes militärisches Talent deutlich, das ihn noch so weit bringen sollte. Der Senat beschloss, Caesar für seinen

Sieg mit einem Triumphzug durch die Stadt zu feiern – eine gewaltige Ehre für einen Mann, der noch nicht einmal Konsul gewesen war. Heute feiern nur noch Angehörige der Kaiserfamilie Triumphzüge, aber damals konnten große Verdienste aller Edelmänner auf diese Weise ausgezeichnet werden. Aber dann geschah etwas, das Caesars Charakter einzigartig machte. Um sich für das Konsulat, das höchste Staatsamt, bewerben zu können, musste Caesar nach Rom zurückkommen. Doch in dem Moment, in dem ein Feldherr das **pomerium** betritt, legt er die Befehlsgewalt über seine Armee nieder und kann keinen Triumphzug mehr feiern. Ohne zu zögern, tat Caesar etwas, was kaum ein Römer sonst je getan hätte: Er verzichtete auf den Ruhm eines Triumphzugs, kam zurück in die Stadt und bewarb sich für das Konsulat. Für ihn zählte wahre Macht – wie er sie als Konsul hätte – weit mehr als Ruhm und Ehre.

So wurde er zum Konsul gewählt. Er war beliebt beim einfachen Volk und er hatte ein Bündnis mit zwei anderen mächtigen Männern geschlossen: Licinius Crassus, dem reichsten Mann Roms und Gnaeus Pompeius, dem erfolgreichsten Feldherrn der damaligen Zeit. Zusammen vereinten sie Beliebtheit, Geld und Militär – eine unschlagbare Kombination. Als Konsul setzte Caesar geradezu skrupellos die Interessen seiner beiden Unterstützer durch. Bei vielen Senatoren machte er sich damit alles andere als beliebt. Nicht wenige wollten ihn anklagen und verurteilen. Mit der Hilfe seiner Verbündeten verschaffte er sich für die Zeit nach dem Konsulat die Statthalterschaft in gleich drei Provinzen: Illyrien an der Adria, das Gallien südlich der Alpen und das Gallien nördlich der Alpen. Diese letzte Provinz war damals nicht viel mehr als ein Streifen entlang der Küste, der Italien mit Hispanien verband. Der bei weitem größte Teil Galliens war noch nicht in römischer Hand.«

»Das sollte sich aber sehr bald gewaltig ändern«, fiel Marcus seinem Vater ins Wort. »Von Caesars Zeit in Gallien kann ich einiges berichten. In der Armee sprechen die Jungs viel darüber. Als er in Gallien ankam, begann Caesar sofort, neue Legionen aufzustellen. Dann suchte er nach einem Vorwand, im freien Gallien einen Krieg zu beginnen – und die Gallier lieferten ihm prompt einen. Ein gallischer Stamm, die Helvetier, beschloss damals, seine Heimat zu verlassen und sich ein neues Siedlungsgebiet zu suchen. Dabei kamen sie in Konflikt mit den Haeduern, einem gallischen Stamm, der mit Rom verbündet war. Da hatte Caesar einen Grund für seinen Krieg. Er vernichtete die Helvetier und in den folgenden acht Jahren unterwarf er Schritt für Schritt ganz Gallien und machte es zu einer römischen Provinz. Dabei wurden hunderttausende Gallier getötet oder versklavt, manche sprechen gar von Millionen. Nur wenige Feldherrn haben so ein großes Gebiet für Rom erobert, wie Caesar es geschafft hat. Der Mann war ein militärisches Genie!« Marcus' Augen leuchteten vor ungehemmter Bewunderung.

Caesars »De bello Gallico« und die lateinische Sprache

Caesar schrieb ein großes Werk über seinen Krieg in Gallien, in dem er sich zu rechtfertigen und sein Vorgehen zu erklären versucht. Dieses Werk heißt »Commentarii de bello Gallico« – Bericht über den Gallischen Krieg. Das Werk umfasst acht Bücher – eines für jedes Kriegsjahr (58–51 vor Christus). Caesar schrieb in sehr einfachem Stil ohne Ausschweifungen und komplizierte Satzkonstruktionen, wie sie für viele andere Autoren typisch waren. Deshalb wird das Buch auch heute noch gern im Lateinunterricht gelesen. Der erste Satz ist besonders berühmt:

»Gallia est omnis divisa in partes tres, quarum unam incolunt Belgae, aliam Aquitani, tertiam, qui ipsorum lingua Celtae, nostra Galli appellantur.«

»Gallien ist im Ganzen geteilt in drei Teile, von denen einen die Belger bewohnen, einen anderen die Aquitanier, den dritten diejenigen, die in ihrer Sprache ›Kelten‹, in unserer ›Gallier‹ genannt werden.«

Schau dir den Satz und seine Übersetzung mal genau an. Bestimmt kannst du einige Wörter einander zuordnen: **Gallia** (Gallien) zum Beispiel. Wenn du etwas Englisch kannst, erkennst du vielleicht auch **partes tres** (*three parts*, drei Teile) oder **lingua** (*language*, Sprache). Vielleicht hast du auch im Matheunterricht schonmal von Division gehört, das ist ein Fachwort für Geteiltrechnen. Auch einen Vorläufer dieses Wortes kannst du in dem Satz entdecken: **divisa** (geteilt). Du siehst also: Die lateinische Sprache steckt in vielen modernen Sprachen. Diese Sprachen haben sich aus ihr entwickelt. Deutsch und Englisch sind da nur zwei Beispiele.

> Im Französischen, Spanischen, Portugiesischen und natürlich Italienischen ist der Einfluss des Lateinischen noch viel stärker. Es ist faszinierend zu sehen, wie wir etwas verstehen können, das vor über zweitausend Jahren aufgeschrieben wurde.

Senator Vitalis ergriff wieder das Wort: »Man sollte bei alldem aber nicht vergessen, was Caesar sich davon versprach. Ich denke, es ging ihm weniger um den Ruhm Roms, als vielmehr darum, seine eigene Haut zu retten. Schließlich hatte er sich in Rom viele Feinde gemacht. Dadurch, dass er in Gallien Krieg führte, gewann Caesar zwei Dinge: viel Geld aus dem Verkauf der Sklaven und der Kriegsbeute und, noch viel wichtiger, Soldaten, die ihn bewunderten und sich ihm ganz persönlich verpflichtet fühlten – sehr viele Soldaten. Er war nun seit zehn Jahren aus Rom fort und die Lage hatte sich verändert. Crassus war gestorben und Pompeius war ihm nicht mehr so wohlgesonnen wie früher. Seine Gegner in Rom sannen aber immer noch auf Rache. Als der Senat Caesar aufforderte, seine Armee aufzulösen und nach Rom zurückzukehren, musste er Sorge haben, er könnte jetzt schließlich doch noch vor Gericht landen. Also fasste er einen ungeheuerlichen Beschluss. Als er ihn seinen Offizieren verkündete, müssen sie schockiert gewesen sein.

Aber sie stimmten zu. Caesar war kein Mann, dessen Meinung man sich widersetzte. Außerdem hatten sie viel zu gewinnen – aber auch alles zu verlieren.

An einem kalten Januarmorgen des siebenhundertvierten Jahres seit der Gründung der Stadt Rom tat er den Schritt, der alles verändern sollte. Er befahl der dreizehnten Legion den Fluss Rubikon zu überschreiten. Dieser Fluss markierte die Grenze zwischen Gallien, Caesars Provinz und Italien, dem Land, das der Senat regierte. Kein Feldherr darf den Fluss mit bewaffneten Truppen ohne die Zustimmung des Senats übertreten. Die Überquerung des Rubikon kam einer Kriegserklärung an die Republik gleich. Caesar zog mit seinen Truppen gegen Rom. Als der Standartenträger der Legion, den goldenen Adler hoch über den Kopf erhoben, den Fluss über-

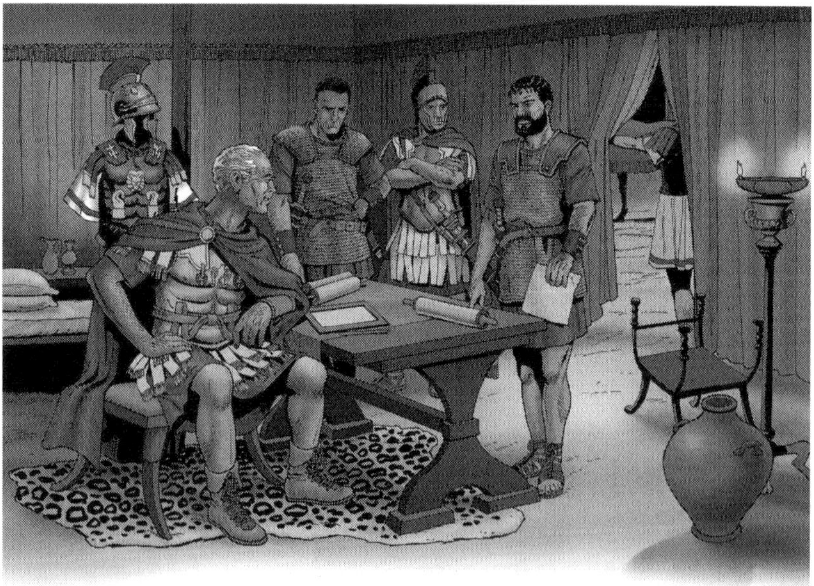

schritt, wurde es allen klar: Von hier an gibt es kein Zurück mehr. ›**Alea iacta est**‹, murmelte Caesar – ›Der Würfel ist geworfen.‹ Das Spiel um die Macht hatte begonnen. Wie der Würfel fallen würde, musste sich noch zeigen.

Caesar rückte so schnell auf Rom vor, dass die Senatoren völlig in Panik gerieten. Sie beauftragten Pompeius, Caesars alten Verbündeten, mit der Verteidigung der Republik. Aus den Männern waren Feinde geworden. Pompeius erkannte, dass er Rom nicht gegen Caesar verteidigen konnte. Also entschied er, ihm die Stadt zu überlassen, sich nach Süden zurückzuziehen und seine Truppen zu versammeln. Die meisten Senatoren gingen mit ihm und so wurde es still in Rom. Die Menschen warteten auf die Ankunft ihres neuen Herrn, der sich entschieden hatte, alle Spielregeln über Bord zu werfen. Caesar blieb nicht lange in Rom – sein Ziel waren Pompeius und seine Armee. Doch als er in **Brundisium** ankam, wo Pompeius sein Lager aufgeschlagen hatte, waren Segel, die am Horizont verschwanden, alles, was er sah. Pompeius hatte sich entschieden, nach Griechenland zu fliehen und dort seine Kräfte gegen Caesar zu sammeln. Caesar schäumte vor Wut. Um Haaresbreite hätte er den Konflikt in kürzester Zeit entscheiden können. Jetzt aber war Pompeius ihm entwischt und das Ganze drohte, ein Bürgerkrieg zu werden, der nicht nur Italien, sondern das ganze Reich erfasst hätte.«

»Es ist immer eine traurige Sache, wenn Römer gegen Römer kämpfen«, sagte Marcus und schüttelte den Kopf. »Wir sollten unsere Kraft besser darauf verwenden, den Barbaren außerhalb des Reiches den Hintern zu versohlen!«

»Ganz deiner Meinung«, stimmte Vitalis zu. »Doch leider war das Geschehen damals nicht mehr aufzuhalten. Caesar besiegte zuerst Pompeius' Legionen in **Hispanien**, dann setzte er im folgenden Jahr nach Griechenland über und besiegte ihn auch dort. In der Schlacht von Pharsalos starben tausende Römer durch die Hand ihrer Brüder. Manche hatten früher zusammen gekämpft. Nicht wenige waren sogar miteinander verwandt. Es muss schrecklich gewesen sein. Wie so oft zahlten die einfachen Leute den höchsten Preis – und das für eine Sache, in der es in erster Linie um den Stolz einiger weniger ging oder sogar, würden manche sagen, eines Einzelnen. Gerecht ist das sicher nicht. Aber so ist der Lauf der Dinge nun einmal. Pompeius überlebte die Schlacht und floh nach Ägypten, zu König Ptolemaios, dem Dreizehnten dieses Namens. Doch als er dort ankam, empfing ihn dieser alles andere als freundschaftlich. Um sich selbst bei Caesar beliebt zu machen, schlug er dem flüchtigen Pompeius den Kopf ab und überreichte ihn Caesar, der wenige Tage später in Alexandria eintraf.«

»Kein schönes Gastgeschenk«, kicherte Lucius und verzog das Gesicht bei der Vorstellung, er bekäme zur Ankunft einen abgeschlagenen Kopf überreicht.

»Das hat Caesar sich wohl auch gedacht. Obwohl er wahrscheinlich innerlich froh über den Tod seines Rivalen war, zeigte er sich bestürzt, weinte um Pompeius wie um einen alten Freund und ließ ihn ehrenvoll bestatten. Caesar blieb einige Zeit in Ägypten, was wohl nicht zuletzt an einer sehr erfreulichen Bekanntschaft war, die er dort machte.«

Marcus grinste schelmisch und fiel seinem Vater ins Wort: »Also dafür wäre ich auch länger in Ägypten geblieben. Zu dieser Zeit tobte ein Machtkampf zwischen Ptolemaios und seiner Schwester, Kleopatra. Sie soll von außergewöhnlicher Schönheit gewesen sein und verstand sich blendend darin, jeden Mann um den Finger zu wickeln. Caesar war ihr gleich verfallen und sie nutzte seine Liebe zu ihr klug aus, um sich im Kampf um die Macht einen Vorteil zu verschaffen. Denn sie war nicht nur schön, sondern auch listig und klug wie eine Schlange.«

Das alte Ägypten

Die Ägypter waren eine der ältesten Hochkulturen der Welt, wie zum Beispiel die mächtigen Pyramiden von Gizeh zeigen. Es ist aber wichtig, sich zeitliche Relationen klarzumachen. Zwischen dem Bau der Pyramiden (etwa 2600 vor Christus) und dem

Leben Kleopatras (69–30 vor Christus) liegt deutlich mehr Zeit als zwischen dem Leben Kleopatras und der Erfindung des iPhones (2007). Das Ägypten Kleopatras hatte also nicht mehr viel mit dem alten Ägypten der Pharaonen zu tun. Im Jahr 332 vor Christus war Ägypten vom griechischen Feldherrn Alexander dem Großen erobert worden und seitdem herrschten Griechen in Ägypten. Kleopatra entstammte der Familie der Ptolemäer, die auf einen General Alexanders zurückgeht. Sie war also selbst mehr Griechin als Ägypterin.

»War Caesar nicht verheiratet?«, wollte Lucius wissen.

»Oh ja«, lachte Marcus, »das macht die ganze Geschichte ja noch ungeheuerlicher. Caesar brachte Kleopatra sogar mit nach Rom. Seine Liebesbeziehung zu ihr war ein offenes Geheimnis. Die ganze Stadt sprach darüber. Für Caesars Frau Calpurnia war das alles sicher alles andere als angenehm.«

Vitalis erzählte weiter: »Zwei Jahre nachdem er nach Griechenland aufgebrochen war, um Pompeius zu verfolgen, war er zurück in Rom. Und er kam wie ein König, denn praktisch war er das. Es gab niemanden mehr, der sich ihm in den Weg hätte stellen können. Die Republik war tot und etwas Neues hatte begonnen. Einer seiner engsten Freunde, Marcus Antonius, versuchte sogar, Caesar die Königskrone aufzusetzen. Caesar lehnte ab, aber das konnte nicht verbergen, dass er sich doch wie ein König verhielt. Der Senat beschloss Ehrentitel für ihn und er wurde zum **dictator in perpetuum** ernannt, zum Diktator auf Lebenszeit. Das Amt des Diktators wurde in der Republik eigentlich nur in Notzeiten verliehen und dann auch nur für ein halbes Jahr. Diktator auf Lebenszeit – so etwas hatte es noch nie gegeben. Doch das Volk liebte Caesar. Und seine Soldaten liebten ihn noch mehr. Den gedemütigten Senatoren blieb also nichts anderes übrig, als gute Miene zu dem bösen Spiel zu machen, das dieser Mann in ihren Augen trieb.«

Caesars Aufstieg

Gaius Julius Caesar ist wohl der bekannteste Römer – und das zurecht. Sein Aufstieg ist beispiellos und markiert das Ende der Republik. Nach seinen militärischen Erfolgen in Gallien wandte er seine Truppen, die ihm ganz persönlich treu ergeben waren, gegen

Rom und errang die Alleinherrschaft. Das Wort »Kaiser« ist vom Namen »Caesar« abgeleitet. Das ist aber nicht deshalb so, weil Caesar der erste Kaiser Roms gewesen wäre. Auch wenn das viele Leute glauben: Caesar war kein Kaiser. Dazu gehört mehr als nur die Alleinherrschaft. *Genaueres erfährst du in Kapitel 24: Augustus – Aufstieg zur Macht.*

20

KAPITEL

Iden des März - Mord im Senat

»Eine kleine Gruppe von Senatoren war nicht bereit, Caesars Treiben tatenlos zuzusehen. Die meisten von ihnen hatten für Pompeius gekämpft und waren von Caesar begnadigt worden. Es waren aber auch einige darunter, die Caesar bisher unterstützt hatten. Heimlich trafen sie sich und schmiedeten einen Plan, wie sie den Tyrannen loswerden könnten. ›Tyrann‹ – das ist ein Wort aus dem Griechischen und es bezeichnet einen Mann, der unrechtmäßig und gewaltsam herrscht. So sahen diese Männer auch Caesar. Sie fühlten sich um ihre Freiheit betrogen. Deshalb entschieden sie, dass der Mord an einem Tyrannen gerecht sei und dass es ihre heilige Pflicht wäre, Caesar zu töten und Rom von der Tyrannei zu befreien. Das war sehr riskant, wie du dir sicher vorstellen kannst, Lucius. Hätte nur ein einziger Verschwörer nicht den Mund gehalten, wären sie wohl alle hingerichtet worden. Als Tag des Attentats wählten sie die Iden des März. Wie schon fünf Jahre zuvor, als Caesar den Rubikon überschritt, sollte ein einziger Tag über das Schicksal Roms entscheiden. Merke dir dieses Datum, Lucius.«

Römische Datumsrechnung

Die Römer nummerierten die Tage eines Monats nicht von vorn nach hinten, so wie wir es heute tun. Stattdessen gab es jeden Monat drei Tage mit einem eigenen Namen: Die Kalenden am 1. eines Monats, die Nonen am 5. (im März, Mai, Juli und

Oktober am 7.) und die Iden am 13. (im März, Mai, Juli und Oktober am 15.). Alle anderen Tage wurden angegeben, indem man die Tage bis zum nächsten benannten Tag zählte, wobei aber sowohl der gemeinte Tag als auch der nächste benannte Tag mitzählten. Dieses System kommt uns unnötig kompliziert vor, war damals aber üblich. Ein paar Beispiele helfen beim Verständnis:

1. März → Kalenden des März
2. März → 6 Tage vor den Nonen des März
3. März → 5 Tage vor den Nonen des März
6. März → Der Tag vor den Nonen des März (**pridie Nonas**)
7. März → Nonen des März
8. März → 8 Tage vor den Iden des März

Die Ermordung Caesars in den Iden des März des Jahres 710 AUC fand also am 15. März 44 vor Christus statt.

»Am Morgen dieses Tages sollte eine Senatssitzung stattfinden. Doch als Caesar aufbrechen wollte, hielt ihn seine Frau Calpurnia zurück. Sie habe geträumt, ihrem Mann werde an diesem Tag ein großes Unglück widerfahren. Sie flehte ihn an, er solle das Haus nicht verlassen. Doch die Verschwörer schickten einen Mann zu Caesar, um ihn zu überzeugen. ›Was sollen die Senatoren von dir denken? Der große Caesar traut sich nicht aus dem Haus, weil sein Weib schlecht geträumt hat? Die Leute würden über dich lachen‹, sagte er. Da schüttelte Caesar die flehende Calpurnia ab und ging. Es sollte nicht das letzte schlechte Omen bleiben.

Der Senat tagte an diesem Tag nicht in der Curia, sondern in dem Theater, das Caesars alter Feind Pompeius einst erbaut hatte. Auf den Stufen sprach ein alter Mann Caesar an. Sein Name war Spurinna und er war ein Seher, der in Kontakt mit den Göttern stand. Er hatte Caesar schon viele Male vor den Iden des März gewarnt, an denen er großes Unglück für ihn vorhergesehen hatte. Caesar hatte darüber immer nur gelacht. Auch dieses Mal, hatte er nur Spott für den Mann übrig. ›Die Iden des März sind da, Spurinna. Und nichts ist geschehen!‹ Der Mann lächelte bitterlich. ›Ja, Caesar. Da sind sie. Aber sie sind noch nicht vorüber.‹ Caesar ließ sich nicht beirren. Entschlossenen Schrittes trat er in das Gebäude, wo die Senatoren in ihren weißen Togen mit purpurrotem Streifen ihn schon erwarteten. ›**Ave, patres**‹, rief Caesar ihnen zu und ›**Ave, Caesar**‹, scholl es zurück. Sofort bildete sich eine Menschentraube um den Diktator. Wie immer, wenn er den Senat betrat, versuchten viele, an ihn heranzukommen und Bitten bei ihm loszuwerden. Ein Mann bat um die Begnadigung seines Bruders. Ein anderer flehte Caesar an, er möge ihm ein einflussreiches Amt gewähren.

Doch dann, ganz plötzlich, fuhr eine Hand aus der Menge, griff die Toga, die auf Caesars Schulter ruhte und riss sie hinunter. ›Tod dem Tyrannen!‹, rief jemand und ehe Caesar sich versah, blitzte der polierte Stahl einer Klinge auf, die jemand aus den Falten seiner Toga gezogen hatte, und im nächsten Moment färbte sich Caesars Tunika an der Stelle, wo ein Dolch in seiner Brust steckte, blutrot. Unter den Umstehenden machte sich Panik breit. Immer mehr Dolche blitzten auf. Jeder der Verschwörer versetzte ihm einen Stoß, insgesamt dreiundzwanzig. Mit letzter Kraft zog Caesar sich eine Falte der Toga über den Kopf und verblutete auf dem marmornen Boden des Pompeiustheaters, zu Füßen einer Statue seines alten Widersachers.« Senator Vitalis schwieg eine ganze Weile. »Mut hatten diese Männer, das muss man ihnen wirklich lassen.«

»Mut?«, fragte Marcus empört. »Was ist mutig daran, einen wehrlosen Mann so hinterhältig zu ermorden? Einen so großen Mann noch dazu? Haben sie vergessen, was Caesar für sie getan hat? Manche von ihnen hatten ihm alles zu verdanken.«

Senator Vitalis lächelte. »Die Geschichte wird von den Siegern gemacht und die Idee Caesars hat zweifellos gesiegt, auch wenn er selbst sie nicht vollenden konnte. Die Republik war tot – und sie blieb es auch. Die Ermordung ihres Totengräbers änderte daran nichts. Insofern verstehe ich dich, Marcus. Im Übrigen glaube ich, du hast recht: Das Reich war zu groß geworden, um es als Republik zu regieren. Wäre Caesar nicht gewesen, wäre wohl ein anderer gekommen und hätte die Macht an sich gerissen. Aber nicht jeder sieht das so.«

Jetzt mischte sich auch Lucius ein: »Ja, Tacitus, der vor einigen Tagen bei uns zu Gast war, wäre von der Tat sicher begeistert gewesen.«

Senator Vitalis nickte. »Es gibt nicht wenige, die so denken wie er. Aber der Glaube, die Republik könnte jemals wiederkehren, ist nichts als Wunschdenken. Es braucht einen starken Mann, dieses große Reich zusammenzuhalten. Die Soldaten müssen sich dem Kaiser verpflichtet fühlen. Gälte ihre Loyalität vielen unterschiedlichen Feldherrn, würde schon bald ein neuer Bürgerkrieg ausbrechen. Das darf niemals geschehen.«

»Aber was ist mit den Mördern passiert? Und wieso gibt es heute einen Kaiser, wenn Caesar doch ermordet wurde?«

Senator Vitalis lächelte. »Gute Fragen, Lucius. Aber das ist eine andere Geschichte. Ich verspreche, ich werde sie dir ein andermal erzählen.«

Als hätte er darauf gewartet, trat in diesem Moment ein Sklave ins **caldarium**. »Die Thermen schließen. Wären die Herren so freundlich, sich zum Ausgang zu begeben?«

»Siehst du«, sagte Senator Vitalis. »Es wird Zeit. Lasst uns nach Hause zu Quintilla und Fabia gehen.«

Caesars Ende

Am 15. März 44 vor Christus wurde Julius Caesar im Senat ermordet. Der wohl berühmteste politische Mord aller Zeiten hatte tiefgreifende Folgen. Die Hoffnung der Verschwörer, man könne zur Republik zurückkehren, erfüllte sich allerdings nicht.

Wie es nach Caesars Tod in Rom weiterging, erzählt Senator Vitalis in Kapitel 24: Augustus – Aufstieg zur Macht.

Römische Geschichte für Kinder

21

KAPITEL

»Ich weiß, dass ich nichts weiß« - die Philosophie der Antike

Die Morgensonne schien durch die kleinen Fenster in den Raum und tauchte die Wände in warmes Licht. Linos ging zwischen den Reihen seiner Schülerinnen und Schüler auf und ab. »Alpha, Beta, Gamma«, zählte er auf und beobachtete, wie die Kinder die Zeichen in ihre Wachstafeln ritzten. Sein Blick blieb bei der Tafel eines Jungen hängen. »Nein, Sextus, das ist kein Gamma. Das ist ein Lambda, was du da aufgeschrieben hast.«

Eilig korrigierte dieser seinen Fehler.

»Was kommt nach Gamma?«, fragte Linos und deutete auf Fabia.

»Delta?«, fragte sie unsicher.

»Richtig, Delta. Schreibt es auf.«

Fabia ritzte den Buchstaben in das weiche Wachs: ein Dreieck, die untere Seite etwas kürzer als die beiden Schenkel. So ging es weiter, bis schließlich der letzte Buchstabe dastand: Omega.

»Warum sollt ihr das griechische Alphabet lernen?«, fragte Linos in die Runde.

Fabia meldete sich. »In den östlichen Provinzen sprechen mehr Menschen Griechisch als Latein.«

»Ja, das stimmt. Im Osten wurde schon Griechisch gesprochen, lange bevor ihr Römer kamt. Latein konnte sich da nie so ganz durchsetzen. Aber es gibt noch einen wichtigeren Grund, warum jeder Römer aus der Oberschicht das Griechische beherrschen muss. Irgendwelche Ideen?« Er blickte sich um. »Wir haben doch letztens erst darüber gesprochen. Ihr Römer habt nicht nur die Götter von uns Griechen übernommen.«

Lucius meldete sich. »Die Griechen haben auch viele andere wichtige Dinge erfunden. Zum Beispiel das Theater. Oder die Philosophie.«

»Sehr gut«, lobte Linos. »Philosophie ist ein hervorragendes Beispiel. Wer von euch weiß, was Philosophie ist?«

Acht fragende Gesichter schauten ihn an. Schließlich hob ein Mädchen zögerlich die Hand. »Ich glaube, da denken alte Männer über komische Dinge nach.«

Linos brach in Gelächter aus. »Oh, das ist gut. Viel besser hätte ich es auch nicht beschreiben können. Aber Scherz beiseite. Das Wort Philosophie ist selbst griechisch. Es besteht aus den Wörtern **philos**, was ›Freund‹ bedeutet, und **sophia**, das bedeutet ›Wissen‹. Philosophen sind also die Freunde des Wissens. Es gibt viele griechische Philosophen und die meisten von ihnen haben ihre Weisheit in Büchern verewigt. Wer diese Bücher lesen möchte, muss Griechisch können.«

Fabia meldete sich. »Was soll das bedeuten, Liebe zum Wissen? Was macht denn so ein Philosoph?«

»Das ist nicht so leicht zu beantworten. Die unterschiedlichen Philosophen haben sehr unterschiedliche Dinge getan. Aber alle hatten sie gemeinsam, dass sie über das Wesen der Welt nachgedacht haben – über die Natur, die Menschen, darüber, was gut ist und was böse. Nehmen wir zum Beispiel Sokrates. Der lebte vor über fünfhundert Jahren in Athen und ist der vielleicht einflussreichste Philosoph von allen. Er muss ein fürchterlicher Quälgeist gewesen sein. Jeden Tag ging er auf die Agora von Athen, also quasi aufs Forum, und sprach mit den Menschen. Er hinterfragte einfach alles. Kein Stein durfte auf dem anderen bleiben. Er ließ einfach nicht locker. Die Leute waren furchtbar genervt von ihm.

Hinzu kam, dass ihm sein Äußeres völlig egal war. Er wusch sich nur selten, lief immer barfuß umher und seine Haare waren wild zerzaust. Eine sonderbare Gestalt. Aber ein großer Denker. Er war fest davon überzeugt, dass man nur durch ständiges Hinterfragen zu echter Weisheit gelangen könne. Einmal soll er gesagt haben ›Ich weiß, dass ich nichts weiß.‹ Das trifft den Kern seiner Lehre. Er glaubte, dass es so etwas wie gesichertes Wissen gar nicht gäbe, weil sich alles durch weiteres Hinterfragen wieder als falsch herausstellen könnte. Alle anderen glaubten nur, viele Dinge zu wissen und hielten sich für sehr weise. Sokrates aber erkannte, dass sie eigentlich gar nichts wussten und er auch nicht. Nur bei einer Sache war er sich halbwegs sicher: Dass er eben nichts sicher wusste.«

»Puh«, sagte Fabia, »da bekommt man ja einen Knoten im Kopf, wenn man darüber nachdenkt.«

Linos lachte. »Ja, das stimmt. So ist die Philosophie. Es ist anstrengend, sich mit ihr zu beschäftigen. Doch es schärft auch den Geist. Aber Sokrates' Zeitgenossen waren wohl derselben Meinung wie du. Die Athener klagten ihn an. Er verderbe die Jugend und missachte die Götter, warfen sie ihm vor. Sokrates wurde zum Tode verurteilt und trank bereitwillig einen Becher voller Gift. Das ist noch so eine Sache bei Philosophen. Meistens haben sie keine Angst vor dem Tod. Aber nicht alle Philosophen waren so theoretisch wie Sokrates. Viele haben sich auch mit sehr praktischen Dingen beschäftigt. Zum Beispiel Archimedes.

Archimedes war auch ein griechischer Philosoph, aber er lebte nicht in Griechenland, sondern in Syrakus auf Sizilien. Weiß jemand von euch, wie das sein kann?«

Lucius meldete sich. »Wahrscheinlich war das eine von den griechischen Kolonien, von denen du uns erzählt hast.«

»Sehr gut«, lobte Linos, »du hast aufgepasst. Archimedes war ein Philosoph von ganz anderer Art als Sokrates. Er interessierte sich weniger für die Menschen als vielmehr für die Natur. Eine bekannte Geschichte über ihn erzählt, dass der König von Syrakus ihn beauftragte, herauszufinden, ob seine Krone aus purem Gold sei oder nur mit Gold überzogen. Natürlich durfte Archimedes sie nicht einfach kaputtschneiden und nachsehen. Dafür war sie ja viel zu wertvoll. Er überlegte viele Wochen lang, wie er das anstellen könne, aber es fiel ihm einfach keine Lösung ein. Eines Abends war er so frustriert vom vielen Nachdenken, dass er sich ein heißes Bad in einer großen Wanne einließ und sich hineinsetzte, um zu entspannen. Aber er hatte die Wanne zu voll gemacht und als er sich hineinsetzte, stieg das Wasser an und lief über den Rand. Da hatte er auf einmal die Idee. ›Heureka!‹, rief er. ›Ich habe es gefunden!‹ Er hatte erkannt, dass unterschiedliche Materialien unterschiedlich viel Raum einnehmen. Das kennt jeder von euch. Ein Pfund Gold nimmt viel weniger Raum ein als ein Pfund Stoffballen. Aber ein Pfund Gold nimmt immer gleich viel Platz ein. Dabei ist auch egal, welche Form es hat. Er wog also die Krone des Königs und beschaffte dann einen Klumpen puren Goldes, der genauso schwer war.«

»Ah«, fiel Fabia ihm ins Wort. »Wenn die Krone wirklich aus purem Gold ist, dann verdrängt sie genauso viel Wasser wie der Goldklumpen.«

»Sehr schlau, Fabia. So ist es. Er füllte zwei Gefäße randvoll mit Wasser und tauchte in eines die Krone und in ein anderes den Goldklumpen. Und siehe da: Bei der Krone lief deutlich mehr Wasser über den Rand. Damit hatte er bewiesen, dass die Krone nicht aus purem Gold war, sondern dass sich unter einer dünnen Goldschicht

Silber befand. Den König hat das bestimmt gar nicht gefreut. Aber Archimedes' Idee war genial.

Übrigens lebte Archimedes während des zweiten Punischen Krieges, von dem ich euch letzte Woche erzählt habe. Leider wurde ihm das auch zum Verhängnis. Als Syrakus in diesem Krieg von den Römern erobert wurde, wurde Archimedes von einem römischen Soldaten im Rausch der Plünderung getötet - sehr zum Bedauern des römischen Feldherrn, der ein großer Bewunderer von Archimedes war. Angeblich führte Archimedes gerade Berechnungen durch und malte geometrische Figuren in den Sand. Als der römische Soldat auf ihn zustürmte, hatte er nur Sorge um seine Berechnungen. Erbost rief er ihm zu ›**Noli turbare circulos meos!**‹ – ›Störe meine Kreise nicht!‹ Es waren seine letzten Worte.«

Philosophie

Die Griechen waren berühmt für die Philosophie. Denker wie Sokrates, Platon oder Aristoteles hatten großen Einfluss auf die europäische Kultur. Das Beispiel von Archimedes zeigt, dass Philosophie in der Antike ein viel breiterer Begriff war als heute. Wir würden Aristoteles eher als Naturforscher, Mathematiker oder Ingenieur beschreiben

Aber nicht nur bei den Griechen, sondern auch bei den Römern gab es einflussreiche Philosophen. Zum Beispiel Cicero, der auch politisch aktiv war und viel griechische Philosophie ins Lateinische übersetzte, oder Seneca, der Lehrer Kaiser Neros. Besonders viele Gedanken machten sich römische Philosophen um das Gebiet der Ethik, also die Beantwortung der Frage danach, was gutes Handeln ist und wie der Mensch sich verhalten soll.

22

KAPITEL

Brot und Spiele - Gladiatorenkämpfe im Kolosseum

»Noch einen Wein!«, rief Marcus dem Mann hinter dem Tresen zu. Lucius und er saßen in einer der vielen kleinen Tavernen am Rande der Subura und aßen zu Mittag. Es gab einen Eintopf mit Erbsen und der würzigen Fischsauce **garum**. Viele Menschen aßen in solchen Tavernen, die es an jeder Straßenecke gab. Für Lucius wurde der Wein stark mit Wasser verdünnt, sein Bruder trank ihn natürlich pur. »Lucius, du kannst dir gar nicht vorstellen, was für ein Gesöff man in Germanien ertragen muss. Was sie da Wein nennen, kommt aus Gallien und hat den Namen wirklich nicht verdient. Jeder Wein hier in Rom, sei er noch so billig, ist eine wahre Gaumenfreude im Vergleich dazu. Die Einheimischen hingegen trinken lieber ein Gebräu aus Gerste, das furchtbar bitter schmeckt.«

Lucius nickte. »Dann schlag richtig zu, du hast es dir verdient.« Lucius hatte einen Plan, aber damit er funktionieren würde, musste Marcus genug Wein trinken. Er griff nach der Karaffe und füllte das Glas seines Bruders bis zum Rand. »Auf guten römischen Wein«, sagte er und lachend stieß sein Bruder mit ihm an.

Nachdem Marcus noch drei weitere Becher voll Wein geleert hatte, traute sich Lucius endlich. »Du, Marcus?«

»Ja?«

»Heute sind Spiele im Amphitheater. Ich habe gesehen, dass Caldus heute kämpft. Er ist seit elf Kämpfen ungeschlagen!«

Marcus blickte seinen kleinen Bruder kichernd an. »Ich habe mich schon gefragt, warum du mir ständig ungefragt Wein nachschenkst.«

Lucius errötete. »Mist, ich hätte noch warten sollen«, dachte er.

Doch da umspielte ein schelmisches Grinsen Marcus' Lippen. »Na gut. Ich hätte auch Lust auf die Spiele. Wenn du mir hoch und heilig versprichst, dass du Vater nichts davon verrätst, nehme ich dich mit.«

Lucius strahlte über das ganze Gesicht. »Danke, Marcus. Ich verspreche es.«

»Ich verlasse mich auf dich, Lucius. Wenn unsere Mutter davon erfährt, kann ich mich auf eine gehörige Standpauke gefasst machen.«

Eine halbe Stunde später schlossen sich die beiden der Menge an, die durch einen der zahlreichen Torbögen in das flavische Amphitheater strömte. Von drinnen drang das Geräusch der johlenden Menge aus dem großen, ovalen Gebäude. Lucius war aufgeregt. Er war schon unzählige Male an dem großen Gebäude vorbeigelaufen, doch sein Vater hatte ihm nie erlaubt, hineinzugehen. Jetzt war es endlich soweit. Marcus und Lucius bogen um eine Ecke und plötzlich öffnete sich der Blick auf die Arena. Der große, von Sand bedeckte Platz war von einer umlaufenden hohen Mauer umgeben. Darüber begann die erste Ebene der Tribüne, die sich viele Meter nach oben fortsetzte, bis schließlich ganz am oberen Rand, wo die Stehplätze waren, hohe Masten aufragten, an denen ein riesiges Sonnensegel vertäut war. In einem abgegrenzten Bereich auf Höhe der untersten Sitzreihen erkannte Lucius die kaiserliche Loge.

Auf einem mit großen Kissen gepolsterten Stuhl saß Hadrian, der Kaiser. Hinter ihm hatte sich eine Reihe von Soldaten der Prätorianergarde postiert, der Leibwache des Kaisers. Neben ihm saß Vibia Sabina, seine Frau. Wie immer blickte sie stur geradeaus. In Rom munkelte man, sie wäre mit jedem anderen Mann in der Stadt lieber verheiratet als mit Hadrian. Unten auf dem Sand wurden gerade die Überbleibsel des letzten Kampfes weggeräumt. Ein verletzter Gladiator, der scheinbar noch mit dem Leben davongekommen war, wälzte sich wimmernd auf einer Trage, während der Sieger des Kampfes sein Schwert in die Höhe reckte und sich feiern ließ.

»Der siegreiche Gladiator ist ein Thraex«, erklärte Marcus. »Es gibt verschiedene Arten Gladiatoren, die sich in ihrer Ausrüstung unterscheiden. Der Thraex ist der Bewaffnung der Thraker aus dem Norden Griechenlands nachempfunden. Er hat ein kleines rundes Schild und ein Schwert mit gebogener Klinge. Damit kann er den Schild seines Gegners umgehen. Weißt du, in welcher Gattung dieser Caldus kämpft?«

»Ich glaube, er ist ein Retiarius«, antwortete Lucius.

»Oh!« Marcus zog anerkennend eine Augenbraue hoch. »Das ist eine ganz besondere Art von Gladiator. Er ist mit einem Netz bewaffnet, in dem er seinen Gegner einzufangen versucht, und einem Dreizack, wie der Meeresgott Neptun. Dann kämpft er gleich bestimmt gegen einen Secutor. Das ist der übliche Gegner für den Retiarius. Er kämpft mit einem **gladius**, einem kurzen Legionärsschwert, und einem rechteckigen Schild. Der Kampf Retiarius gegen Secutor ist immer spannend, weil sie so ein ungleiches Paar sind. Der Secutor ist gut geschützt und tödlich im Nahkampf, hat aber nur eine geringe Reichweite. Das wiederum ist die große Stärke des Retiarius. Mit dem langen Dreizack kann er seinen Gegner auf Distanz halten.« Marcus' Erklärung wurde von einer lauten Fanfare unterbrochen. Eine kleine Prozession von Hornbläsern, Flötenspielern und Bannerträgern zog eine Runde durch die Arena und weckte die Aufmerksamkeit der Menge. Ihnen folgte eine Gruppe von Gladiatoren.

Der Leiter der Spiele stand von seinem Platz auf und stellte sich an die Brüstung der Loge. Die Masse verstummte. »Im nächsten Kampf treten gegeneinander an: Ferullus, der Secutor, ungeschlagen seit vier Kämpfen, und Caldus, der Retiarius, ungeschlagen seit elf Kämpfen. Gekämpft wird auf Leben und Tod.«

Aus dem Schatten eines Torbogens löste sich die Silhouette eines Mannes. Er war groß und kräftig gebaut. Seine muskulöse Brust lag offen, um seine Hüfte war ein Lendenschurz geschlagen. In der Hand hielt er einen langen Dreizack und das Fischernetz, dessen Enden mit kleinen Gewichten beschwert waren: der große Caldus, Held der Arena. Das Publikum johlte vor Begeisterung beim Anblick ihres Helden. Aus einem gegenüberliegenden Torbogen trat sein Herausforderer Ferullus, der Secutor. Wie Marcus gesagt hatte, trug er ein Kurzschwert und einen rechteckigen Schild.

Die beiden Männer stellten sich in der Mitte der Arena auf und taxierten sich mit berechnenden Blicken. Dann gab der Schiedsrichter das Signal, zu beginnen. Lucius' Herz hüpfte vor Aufregung. Fünfzigtausend Augenpaare richteten sich gebannt auf die beiden Gladiatoren in der Mitte der Arena. Erstmal passierte fast nichts. Beide Männer wiegten langsam von einem Bein aufs andere. Dann, ganz plötzlich, ließ Caldus das Netz hervorschnellen. Dem Secutor gelang es jedoch, der Gefahr mit einem Satz nach hinten auszuweichen. Sofort setzte der Retiarius mit dem Dreizack nach, doch sein wendiger Gegner konnte sich wegducken.

Ein Raunen ging durch die Menge. Jetzt ergriff Ferullus die Initiative. Mit seinem Schild stieß er den Dreizack seines Gegners beiseite und unternahm einen schnellen Ausfall auf dessen linke Flanke. Auf dieser Seite trug der Retiarius allerdings einen Schulterschutz. Metall krachte auf Metall, doch der Schwerthieb des Secutors richtete keinen großen Schaden an.

»Idiot«, bemerkte Marcus. »Auf der Seite anzugreifen, wo der Gegner gepanzert ist, wird ihm nichts bringen. Er muss auf die ungeschützten Körperteile zielen.«

Die Antwort des Retiarius ließ nicht lange auf sich warten. Wieder versuchte er es mit dem Netz und dieses Mal verfing sich der Schild seines Gegners darin. Caldus zog und mit einem Ruck riss er seinem Gegner das Schild aus der Hand. Krachend landete er vor den Füßen des Retiarius. Die Menge jubelte. »Oh je«, bemerkte Lucius. »Das sieht gar nicht gut aus für ihn.«

Marcus nickte. »Stimmt. Aber solange er sein Schwert in der Hand hat, ist noch nichts verloren.«

Ferullus blickte ungläubig auf den Schild, den er eben noch in der Hand gehabt hatte. Doch in diesem Moment rauschten schon die silbernen Spitzen des Dreizacks auf seinen nun schutzlosen Körper zu. Wieder sprang er zurück und rettete sich so. Aber er konnte wenig ausrichten. Caldus hielt ihn mit seinem Dreizack auf Distanz. Mit dem Mut der Verzweiflung täuschte Ferullus einen Schwerthieb nach rechts an, sodass Caldus seinen Dreizack dorthin schwenkte, sprang dann nach links und hatte plötzlich die ungeschützte Seite seines Gegners vor sich. Er hieb zu, doch er stand weit weg und sein Schwert war kurz. Nur die Spitze erreichte Caldus und ritzte ihm die Haut auf. Er schrie vor Schmerz und dem Publikum entfuhr ein Raunen. Doch ein Profi wie Caldus verlor die Konzentration nicht und brachte sich mit einem Sprung außer Reichweite seines Gegners, bevor dieser ihn erneut mit dem Schwert verletzen konnte.

»Nur eine Fleischwunde«, sagte Marcus. »Das habe ich schon oft gesehen. Sie wird ihn nicht so schnell außer Gefecht setzen, aber nun arbeitet die Zeit gegen ihn. Wenn der Secutor es schafft, so lange durchzuhalten, dass der Blutverlust den Retiarius schwächt, hat er vielleicht noch eine Chance.«

Tatsächlich schien es der Secutor genau darauf anzulegen. Er hielt sich außer Reichweite des Dreizacks und wartete ab. Da aber setzte Caldus zu einem weiteren Versuch an. Er warf das Netz in hohem Bogen auf seinen Gegner zu und ehe er sich's versah, schlangen sich die Seile um seinen Körper. Panisch versuchte er, sie mit seinem Schwert zu durchtrennen und sich zu befreien – aber vergeblich. Der Retiarius riss an dem Netz und brachte seinen Gegner zu Fall. Mit einem dumpfen Schlag fiel er in den Sand. Sofort stand der Retiarius über ihm und trat ihm das Schwert aus der Hand. Caldus hielt ihm den Dreizack an den Hals und Ferullus streckte den Zeigefinger an seinem noch intakten Arm in die Höhe als Zeichen, dass er aufgab. Caldus trat einen Schritt zurück und reckte den Dreizack in die Höhe. Unter dem Jubel des Publikums drehte er sich einmal um die eigene Achse und schrie seine Anspannung heraus.

Der Blick des unterlegenen Gladiators richtete sich ängstlich zur kaiserlichen Loge. Hadrian war aufgestanden und an die Brüstung herangetreten. Er ließ den Blick durch die Ränge schweifen. »Was geschieht jetzt mit ihm?«, wollte Lucius wissen.

»Der Kaiser kann entscheiden, ob er tapfer gekämpft hat und man ihm das Leben schenkt oder ob er sterben wird. Meist lässt er aber das Publikum entscheiden«, erklärte Marcus.

Überall um Lucius und Marcus streckten die Menschen ihre

Hände in die Luft. Manche hatten den Daumen in die Faust geschlossen, das Zeichen für ein Schwert in der Scheide. Die meisten aber streckten den Daumen in die Höhe, das Zeichen für ein gezogenes Schwert. Ein Wimmern entrann dem Mund des am Boden Liegenden, als er sah, wie die Stimmung sich gegen ihn wendete. Panik stand in seinen Augen. Hadrian streckte langsam die Hand aus. Sein Daumen war zur Seite hinausgestreckt als Zeichen, dass er noch nicht entschieden hatte. Das Johlen des Publikums steigerte sich. Dann drehte er den Daumen nach oben: Tod. Jubel brach aus. Ein Mann mit einer gruseligen Maske betrat die Arena. In der Hand hielt er einen schweren Holzhammer.

»Manchmal vollstreckt der Sieger das Urteil nicht selbst, sondern solch ein Henker«, bemerkte Marcus und deutete auf den Mann. »Kein schönes Ende.«

Lucius schloss die Augen. Ein dumpfer Knall verriet, dass der Henker sein blutiges Werk verrichtet hatte.

»Zwölf Siege hintereinander sind wirklich beeindruckend«, bemerkte Marcus.

»Dieser Caldus war wirklich gut. Hat nicht den Kopf verloren, als er verletzt wurde. Das zeichnet einen erfolgreichen Kämpfer aus. Wenn er so weitermacht, wird er wohl schon bald vom Kaiser das hölzerne Schwert überreicht bekommen und so die Freiheit erlangen. Schade eigentlich, dann können wir ihn gar nicht mehr kämpfen sehen.«

Gladiatorenkämpfe

Gladiatorenkämpfe erfreuten sich in Rom großer Beliebtheit. Vor allem in der Kaiserzeit wurden sie zu einem wichtigen Instrument der Machthaber, sich die Gunst des Volkes zu sichern. Lange nicht alle Kämpfe fanden auf Leben und Tod statt. Häufig waren Kämpfe auch nur Show. Neben dem klassischen Kampf Mann gegen Mann gab es auch Gruppenkämpfe und Tierhatzen.

Besondere Attraktionen waren dabei Tiere aus dem fernen Afrika, etwa Löwen, die für viel Geld nach Rom importiert wurden. In den Pausen wurden oft Straftäter hingerichtet. Die Gladiatoren waren in der Regel Sklaven. Einige von ihnen wurden zu gefeierten Stars und erlangten schließlich die Freiheit.

23

KAPITEL

Frauen im alten Rom

Fabia blickte schüchtern in die Runde. Ihre Mutter Quintilla hatte einige Freundinnen eingeladen. »Hallo«, sagte sie leise.

Die Frauen lächelten freundlich zurück. »Hallo, Fabia«, grüßte eine zurück. »Du bist aber gewachsen, seitdem ich dich das letzte Mal gesehen habe.«

Fabia nickte eifrig. »Ja, ich bin schon fast viereinhalb Fuß groß.« (Das sind etwa 1,30 m.)

»Und hübsch bist du auch«, sagte die Frau.

»Worüber unterhaltet ihr euch?«, wollte Fabia wissen.

»Marcia erzählte gerade von ihrem Aufenthalt in Hispanien«, erklärte Quintilla. »Ihr Mann war dort drei Jahre lang Statthalter.«

»Wie ist es dort?«, wollte Fabia wissen.

»Ach, es ist furchtbar langweilig«, antwortete die Frau. »In Taracco, wo der Sitz des Statthalters ist, ist absolut nichts los. Ähnlich wie in Rom gibt es einen Circus, ein Amphitheater und ein Forum, aber alles ist viel kleiner. Ich bin heilfroh, endlich wieder hier in Italien zu sein.«

Die Frauen lachten.

»Ja, es geht doch nichts über Rom. Aber ein Gutes hatte der

Aufenthalt in Taracco. Ich habe dort einen hervorragenden Tuchmacher gefunden.« Sie deutete auf ihre blassblaue Stola, die kunstvoll ihren Körper umhüllte. »Habt ihr schonmal so eine Qualität gesehen?«

Die Frauen begutachteten das Kleidungsstück. »Tatsächlich, sie ist wirklich schön«, bemerkte eine.

»Ich habe letztens auch einen neuen Laden entdeckt, am Quirinal«, warf eine andere Frau ein. »Dort verkaufen sie wunderschönen Schmuck: Halsketten, Armreife, Ringe.«

»Ich habe eine Frage«, sagte Fabia.

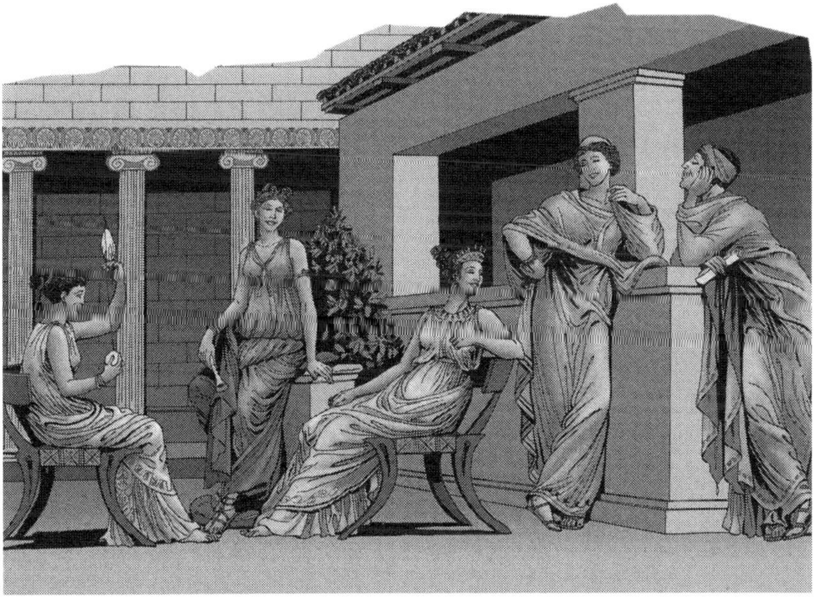

»Nur zu, meine Liebe«, ermutigte sie ihre Mutter.

»Können Frauen auch etwas in dieser Stadt erreichen? Ich will nicht mein Leben lang nur weben und den Haushalt führen.«

Die Frauen blickten sich gegenseitig an. Schließlich antwortete Fabias Mutter: »Na ja, in der Politik wirst du hier in Rom keine Frauen finden. Zumindest nicht offiziell. Du wirst nie wie deine Brüder öffentliche Ämter bekleiden können oder im Senat sitzen. Du kannst auch nicht in den Legionen dienen. Aber das heißt ja nicht, dass du dein Leben nur mit Weben verbringen musst. Viele Frauen haben großen Einfluss auf ihre Männer und können so viel mitgestalten.«

»Da kann ich mir nichts drunter vorstellen«, sagte Fabia.

»Vielleicht finden wir ja ein paar bekannte Beispiele«, überlegte Quintilla.

»Da wäre zum Beispiel Livia Drusilla, die Frau von Kaiser Augustus«, schlug eine der Frauen vor. »Sie war sehr einflussreich und mächtig. Ihr Mann holte oft ihren stets klugen Rat ein.«

»Oder denk an die Sabinerinnen. In der Frühzeit Roms wurden viele von ihnen von römischen Männern geraubt, weil es in Rom zu wenig Frauen gab. Aber als die Sabiner dann Rom angriffen, um ihre Frauen zurückzuholen, warfen sie sich zwischen die feindlichen Linien und flehten ihre Väter und Ehemänner an, das Kämpfen sein zu lassen und sich miteinander zu verbünden. So haben die Frauen einen Krieg verhindert.«

»Eine andere einflussreiche Frau war Agrippina«, warf eine andere ein. »Sie war so skrupellos, dass sie ihren Mann, Kaiser Claudius, umbrachte, um Nero, ihren eigenen Sohn, auf den Thron zu setzen. Dann versuchte sie, selbst zu regieren.«

»Stopp!«, sagte Quintilla. »Agrippina ist nun wirklich kein gutes Beispiel für Fabia. Sie hat es zu weit getrieben, viel zu weit. Als Frau in der Oberschicht kannst du wirklich ein gutes Leben haben. Aber politische Ambitionen, da darfst du dir keine großen Hoffnungen machen. Wer weiß, vielleicht ist die Welt eines Tages so weit. Aber heute ist sie das noch nicht.«

Fabia nickte traurig. »Ich hoffe, dass irgendwann Frauen alles werden können, was sie wollen.«

Die Rolle der Frauen

Frauen hatten in Rom weit mehr Möglichkeiten, am öffentlichen Leben teilzunehmen, als in anderen antiken Kulturen. Trotzdem war ihr Einfluss sehr begrenzt. Man erwartete von ihnen, dass sie heirateten, ihrem Mann gehorchten, den Haushalt führten und die Kinder erzogen. Gerade bei den einfachen Leuten waren Frauen aber auch oft berufstätig und betrieben Läden oder Tavernen. Politisch einflussreiche Frauen waren sehr selten und ihr Einfluss war stets inoffizieller Art. Häufig standen sie aber ihren Männern mit Rat zur Seite, wenn diese es zuließen.

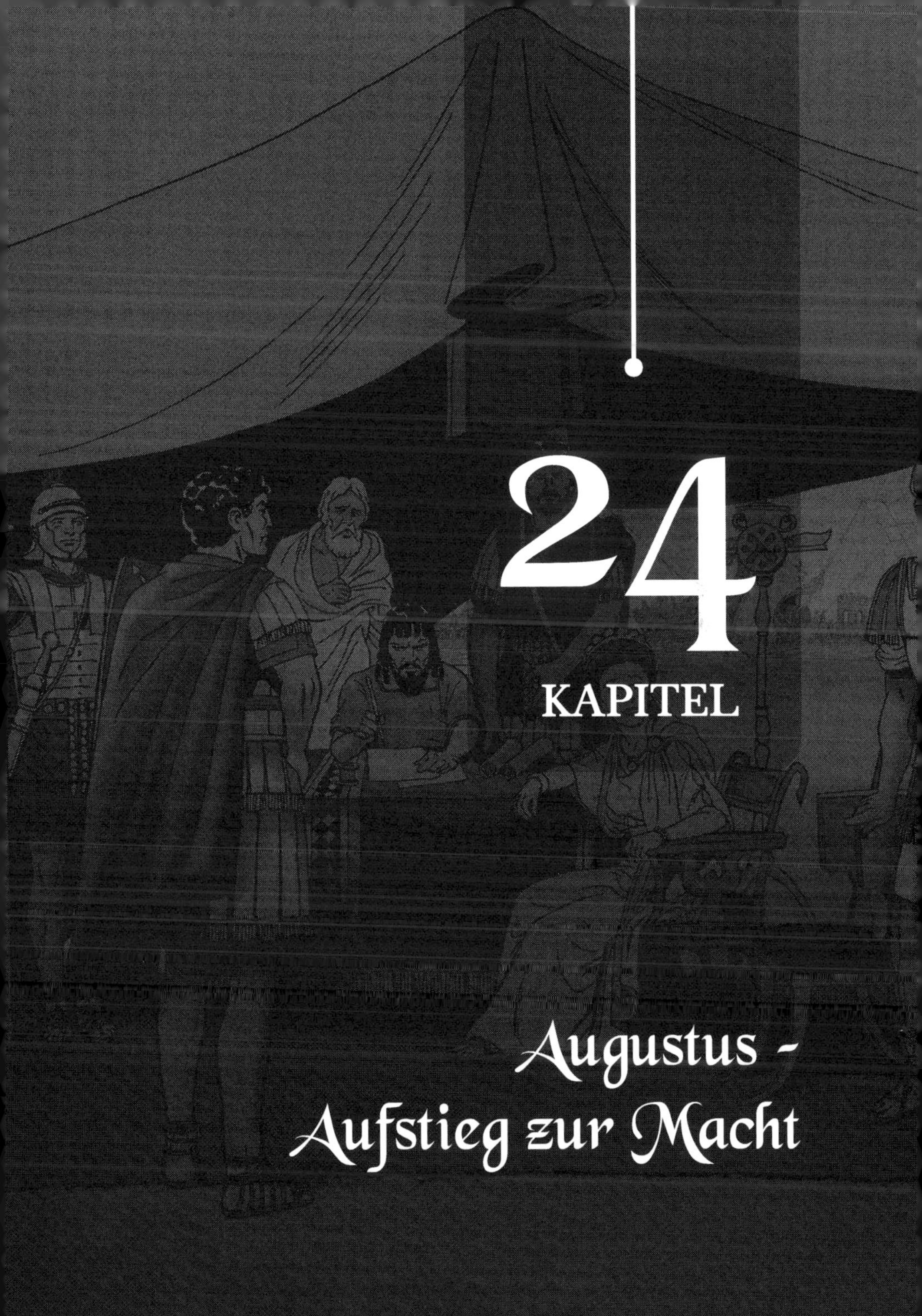

24 KAPITEL

Augustus - Aufstieg zur Macht

»Dieses hier ist vom Verwalter des Landguts in den Albaner Bergen«, sagte Curio, Senator Vitalis' Sekretär, und nahm das Schriftstück in Augenschein. »Er schreibt, die Weinernte sei zufriedenstellend gewesen, etwas mehr als im vorherigen Jahr. Die Sklaven verhalten sich zum größten Teil untadelig. Einen musste er auspeitschen lassen, da er versucht hat, wegzulaufen.«

Vitalis nickte. »Gut. Was haben wir noch?«

Curio nahm einen weiteren Brief vom Stapel. »Ein Klient, dem Ihr einen Kredit gewährt hattet, bittet um Entschuldigung, dass er das Geld nicht rechtzeitig zurückzahlen kann. Eine Lieferung mit britannischen Sklaven, die er verkaufen wollte, ist auf der Überfahrt nach Gallien gesunken.«

Vitalis stöhnte auf. »Immer denken sie sich eine neue Ausrede aus. Schreib ihm, ich erwarte die Zahlung binnen eines Monats.«

Curio nickte und machte sich eine Notiz auf seine Wachstafel. »Das war es mit der Korrespondenz von heute. Kann ich noch etwas für Euch tun, Herr?«

»Danke, Curio, im Moment nicht.« Der Sklave verneigte sich und verließ das Arbeitszimmer. Vitalis wandte sich an Lucius, der auf einem Schemel in der Ecke des Raumes saß und aufmerksam zugehört hatte. »Die Erledigung der täglichen Korrespondenz gehört zu den Pflichten des Patrons. Es ist sehr wichtig, stets über alles auf dem Laufenden zu bleiben. Aber du bist wahrscheinlich nicht hergekommen, um mir dabei zuzusehen, oder?«

Lucius schüttelte den Kopf. »Ich will endlich wissen, was nach Caesars Tod geschah.«

»Ja, das habe ich mir schon fast gedacht. Komm wir setzen uns in den Garten, dann erzähle ich es dir.« Im Schatten einer Pinie setzten die beiden sich hin und Senator Vitalis begann seine Erzählung. »Ich habe ja beim letzten Mal schon erzählt, wie Caesar sich die alleinige Macht in der Republik erkämpfte und dass viele Senatoren damit nicht einverstanden waren. Schließlich büßten sie so einen großen Teil ihres Einflusses ein. Sie sahen in Caesar also einen Tyrannen, einen Unrechtsherrscher und entschlossen, ihn zu ermorden. Das gelang ihnen auch. Während Caesar auf dem Boden des Pompeiustheaters verblutete, brach in der Stadt Chaos aus. Auf der einen Seite gab es die Mörder und ihre Anhänger. Sie wollten wieder zur Republik zurückkehren. Auf der anderen Seite gab es die Vertrauten Caesars. Unter diesen nahm Caesars enger Freund Marcus Antonius eine besondere Stellung ein. Wie du dir bestimmt vorstellen kannst, war die Stimmung zwischen den beiden Gruppen gar nicht gut. Jetzt kam es auch darauf an, wer die öffentliche Meinung hinter sich brachte. Wie ich ja schon gesagt habe, liebte das einfache Volk Caesar. Für die Verschwörer wurde es also schnell ziemlich ungemütlich in Rom und die meisten von ihnen flohen in den Osten des Reichs.

Dann kam der Tag, an dem Caesars Testament, sein letzter Wille, verlesen werden sollte – und das enthielt für Marcus Antonius eine böse Überraschung. Er hatte fest damit gerechnet, dass Caesar ihn zu seinem Erben bestimmen würde, denn eheliche Kinder hatte er nicht, nur einen Sohn mit Kleopatra. Doch Caesar hatte sich anders entschieden. Er erklärte Octavian, seinen Neffen, zu seinem Haupterben. Der Junge war gerade einmal achtzehn Jahre alt und kaum jemand hatte je von ihm gehört. Er befand sich nicht einmal in Rom. Aber es kam noch dicker: Caesar hatte ihn nicht nur als Erben eingesetzt, sondern auch adoptiert. Octavian galt damit rechtlich als Caesars Sohn.

Marcus Antonius schäumte vor Wut. ›Auf keinen Fall lasse ich zu, dass dieser Junge mir diese Chance stiehlt‹, schimpfte er. ›Das ist doch lächerlich! Ich habe schon mit Caesar in Gallien gekämpft, als dieser kleine Wichtigtuer noch Windeln trug!‹

Doch Octavian war keineswegs bereit, die ihm zugesprochenen Rechte abzulehnen. Er kam nach Rom und beanspruchte Caesars Erbe für sich. Dabei war er sehr schlau. Caesar hatte in seinem Testament auch versprochen, dass alle Bürger Roms und alle seine ehemaligen Soldaten eine Geldzahlung erhalten sollten. Octavian kümmerte sich darum, dass dies auch so geschah, und gewann so die Herzen der Menschen und – noch viel wichtiger – die der Soldaten.

So waren die Anhänger Caesars plötzlich in zwei Lager gespalten: Manche unterstützten Octavian, andere Marcus Antonius. Octavian sammelte Caesars alte Truppen und marschierte nach Norden. Bei **Mutina** kam es zur Schlacht zwischen seiner Armee, die vom Senat und den Konsuln unterstützt wurde, und Marcus Antonius. Octavian gewann, aber beide Konsuln starben in der Schlacht.

Als siegreicher Feldherr beanspruchte Octavian einen der freigewordenen Plätze als Konsul für sich. Aus Sicht der Senatoren war das ein Skandal, schließlich war Octavian viel zu jung und hatte die anderen Ämter des **cursus honorum** nicht absolviert. Sie sagten Nein. Doch sie hatten nicht erkannt, dass die Machtverhältnisse sich verschoben hatten. Nicht mehr der Senat machte die Herrscher, sondern die Armee. Diese hatte Octavian hinter sich. Er marschierte mit seinen Soldaten nach Rom und nahm sich das Konsulat einfach.

Dann vollzog Octavian eine Wende, die für alle höchst überraschend kam. Er traf sich mit Marcus Antonius und schloss Frieden mit ihm. Mehr noch: Die beiden verbündeten sich. Dieser Allianz hatte der Senat nichts mehr entgegenzusetzen. Die beiden Männer begannen, Todeslisten mit ihren Gegnern zu veröffentlichen, die jeder umbringen konnte, ohne eine Strafe befürchten zu müssen. Man nennt das ›Proskription‹. Es muss ein fürchterliches Blutbad gewesen sein. Auch Marcus Tullius Cicero, einer der einflussreichsten Senatoren und der größte Redner seiner Zeit, fiel dem Massaker zum Opfer.«

»Wie kam Octavian dazu, sich plötzlich mit seinem Feind zu verbünden?«, fragte Lucius erstaunt.

»Das haben sich die Menschen damals auch gefragt«, antwortete Senator Vitalis. »Es zeigt, wie machtbewusst Octavian war. Es ging ihm nicht um persönlichen Groll, weil Marcus Antonius ihn unfair behandelt hatte. Ihm ging es nur um seinen Plan. Sich mit seinem alten Feind zu verbünden, war seinem Plan in diesem Moment dienlich. Schließlich gab es ja auch noch einen weiteren Feind, den beide Männer gemeinsam hatten. Weißt du, wen?«

Lucius überlegte. »Na klar, die Mörder Caesars! Du hast gesagt, sie seien in den Osten geflohen. Das heißt ja, sie lebten noch.«

»Die meisten von ihnen, ja, und sie waren nicht untätig gewesen. Während Octavian und Marcus Antonius sich in Italien gegenseitig das Leben schwer gemacht hatten, hatten sie in Griechenland eine große Armee aufgestellt. Die beiden Widersacher mussten ihre Meinungsverschiedenheiten also für einen Moment vergessen und sich um den gemeinsamen Feind kümmern. Ein altes Sprichwort sagt ›Der Feind meines Feindes ist mein Freund.‹ Wahrscheinlich war es das, was Octavian und Marcus Antonius verband. Die beiden sammelten ihre Armeen und setzten nach Griechenland über. Dort kam es zur Schlacht zwischen den Caesarianern und den Republikanern.

Schon wieder kämpften Römer gegen Römer: eine Schande. Octavian und Marcus Antonius gewannen die Schlacht und die verbliebenen Caesarmörder begingen Selbstmord. Das Bündnis zwischen Octavian und Marcus Antonius hielt noch einige Jahre, aber langsam begann es, zu bröckeln. Der gemeinsame Feind war nicht mehr da und Jahr für Jahr wurde deutlicher, dass an der Spitze der Macht kein Platz mehr für zwei Männer war.

Antonius ging nach dem Sieg gegen die Caesarmörder in den Osten des Reiches. Dort begegnete er einer alten Bekannten, die einmal mehr dem Schicksal Roms eine neue Richtung geben sollte.«

»Kleopatra«, sagte Lucius.

Senator Vitalis nickte anerkennend. »Sehr richtig. Die ägyptische Schlange hatte es jetzt auf Marcus Antonius abgesehen. Wie Caesar verfiel auch er ihr bedingungslos. Antonius blieb mehrere Jahre in Alexandria, hatte mehrere Kinder mit Kleopatra und führte sich mehr und mehr auf wie ein orientalischer König. Da sah Octavian seine Chance. Eines Nachts schickte er heimlich einige Männer hinunter aufs Forum. Sie schlichen sich in den Tempel der Vesta, wo die Vestalinnen das heilige Feuer bewachten – aber nicht nur das. Hier wurden auch die Testamente von Senatoren aufbewahrt.

Die Vestalin im Tempel schrie auf, als plötzlich bewaffnete Männer im Inneren des Tempels standen. Mit vorgehaltenen Dolchen verlangten sie die Herausgabe von Antonius' Testament. Zitternd übergab die völlig verängstigte Frau ihnen die Schriftrolle.

Am nächsten Morgen brach Octavian im Senat das Siegel aus rotem Wachs und begann, vorzulesen. Erst waren die Senatoren empört darüber, dass Octavian das Schriftstück widerrechtlich in seine Gewalt gebracht hatte. Doch als sie hörten, was darinstand, richtete sich ihre Empörung nicht länger gegen Octavian, sondern gegen den Verfasser des Testaments. Marcus Antonius hatte verfügt, dass die Gebiete des römischen Ostens unter seinen Kindern mit Kleopatra aufgeteilt werden sollten und er selbst nicht in Rom, sondern in Alexandria an der Seite seiner Geliebten bestattet werden wolle.

›Das geht zu weit!‹, rief Octavian in den aufgebrachten Senat. ›Antonius ist kein Römer mehr! Er ist ein Orientale, ein Verräter!‹ Zustimmende Rufe liefen durch das ganze Haus.

›Das können wir nicht hinnehmen!‹, rief ein Senator.

›Erklären wir ihn zum Staatsfeind!‹, rief ein anderer. ›Gegen Ägypten muss Krieg geführt und Antonius' verräterischem Treiben Einhalt geboten werden.‹

Siehst du, was Octavian da getan hat?«, fragte Senator Vitalis.

Lucius nickte. »So wie er es darstellte, war nicht er derjenige, der Rom in einen neuen Bürgerkrieg zwang, sondern Antonius. Er wirkte wie der Verteidiger der Republik.«

»Ich bewundere immer wieder, wie klug er schon in so jungen Jahren war. Es gelang ihm, Antonius' Ruf so zu ruinieren, dass man gar nicht mehr anders konnte, als Octavian zu folgen. Dadurch, dass er Antonius als Verräter und Orientalen darstellte, wirkte es nicht mal mehr wie ein neuer Bürgerkrieg. Einfach genial.

Octavian zog mit seiner Armee gegen Antonius. Das war dreizehn Jahre nachdem Caesar ermordet worden war. Die Entscheidung fiel schließlich bei **Actium** in Griechenland in einer großen Seeschlacht. Antonius' Flotte wurde zerstört, Kleopatra und er flohen nach Ägypten.

Doch auch dorthin setzte Octavian ihnen nach. Antonius sah die Ausweglosigkeit seiner Situation und stürzte sich in sein Schwert. Kleopatra kam in römische Gefangenschaft, doch nach zwölf Tagen gelang ihr der Selbstmord. Manche erzählen sich, sie habe sich von einer giftigen Kobra beißen lassen. Das wäre wohl ein passendes Ende für diese Schlange von Frau. Octavian machte aus Ägypten eine römische Provinz und das ist es bis heute.«

»Als Octavian nach Rom zurückkam, wurde er bestimmt gefeiert«, vermutete Lucius.

»Und wie«, entgegnete sein Vater. »Er feierte einen dreitägigen Triumphzug und ließ die Pforten des Janustempel schließen. Das geschieht nur, wenn im ganzen Reich Frieden herrscht. Das war also fast nie der Fall. Doch nun stand er vor einem großen Problem: Wie sollte er ein System schaffen, das ihm die alleinige Macht sicherte – denn die hatte er und er wollte, ja, er musste, sie auch behalten – und trotzdem den Stolz der Senatoren nicht verletzte? Er musste den Schein der Republik wahren – und sie doch im Kern verraten. Ein beinahe unmöglicher Spagat. Dass ihm das, anders als Caesar, gelang, zeigt sein politisches Talent noch weitaus deutlicher als der Sieg im jahrelangen Ringen mit Antonius um die Macht.«

»Wie hat er das geschafft?«, fragte Lucius. »Die Leute müssen doch gesehen haben, dass er allein herrscht.«

»Stimmt, ganz verschleiern ließ sich das natürlich nicht. Aber zum einen waren die Menschen nach dreißig Jahren Machtkämpfen und Bürgerkrieg einfach froh, dass endlich Stabilität einkehrte, und waren daher bereit, mehr zu akzeptieren als vielleicht noch einige Jahre zuvor. Zum anderen ging Octavian sehr dezent vor. Königliches Gehabe wie bei Caesar gab es bei ihm nicht. Er trat bescheiden und demütig auf und nahm nur einige Ehrentitel an.

Der bekannteste davon war **Augustus** – der Erhabene. Er wurde praktisch zu seinem neuen Namen. Die Ämter der Republik bestanden fort. Sie tun es ja bis heute. Doch an den wichtigen Stellen ließ er sich Amtsgewalten verleihen. So hatte er zum Beispiel die Amtsgewalt eines Volkstribuns inne, die es ihm erlaubte, Einspruch gegen Gesetze einzulegen, und er hatte offiziell die Statthalterschaft in allen Provinzen mit viel Militär inne. Bis heute sind die Statthalter in diesen Provinzen persönliche Stellvertreter des Kaisers. Aber Augustus kam nie auf die Idee, sich Kaiser zu nennen, auch wenn er das zweifellos war. Das hätte zu sehr an König erinnert. Er nannte sich **princeps** – der Erste. Wir haben ja schonmal darüber gesprochen. So schuf er ein System, das jedermanns Ehre wahrte und mit dem alle leben konnten.

Er regierte einundvierzig Jahre lang und starb eines natürlichen Todes. Das allein beweist den Erfolg seines Systems. Caesar wurde nach nur zwei Jahren brutal ermordet. Deutlicher könnte der Unterschied nicht sein. Doch die Männer, die ihm auf den Thron nachfolgten, waren weniger talentiert als er. So kam Rom schon bald wieder in große Krisen. Doch so schlimm wie zu Caesars Zeiten und den Jahren nach seiner Ermordung wurde es nie wieder.

Seit einigen Jahren nun sind die Kaiser dazu übergegangen, den Thron nicht mehr ihren Söhnen zu hinterlassen, sondern einen Mann zu adoptieren, den sie für geeignet halten. Dass wir heute in Frieden und Wohlstand leben können, haben wir auch Augustus zu verdanken, Lucius. Deshalb haben Männer wie Tacitus unrecht, wenn sie glauben, wir könnten zur Republik zurückkehren. Das Reich ist zu groß und zur Verteidigung seiner Grenzen gibt es zu viele Soldaten als dass je wieder ein anderes System als die Herrschaft eines starken Mannes Frieden und Wohlstand garantieren könnte.«

Lucius nickte. »Ich glaube, du hast recht. Dennoch ist es ein albernes Schauspiel, so zu tun, als lebten wir noch in einer Republik.«

Senator Vitalis lachte. »Mag sein. Aber es funktioniert. Und auch Augustus selbst hat das wohl schon so gesehen. Auf dem Sterbebett soll er zu seiner Frau Livia gesagt haben: ›Ich habe die Komödie meines Lebens gut gespielt.‹«

Lucius lachte. »Wie wahr.«

Augustus und der Prinzipat

Das politische System, das Augustus erschuf, stellt eine ganz neue Phase des römischen Reiches dar. Man nennt es das »Prinzipat« (abgeleitet von **princeps**) oder einfach »das Kaiserreich«. Das Zeitalter der Republik endete mit Augustus, auch wenn er versuchte, diesen Eindruck zu vermeiden.

Sein Aufstieg zur Macht wurde 31 vor Christus mit seinem Sieg über Marcus Antonius in der Seeschlacht von Actium besiegelt. Auf das Jahr 27 vor Christus datieren Historiker und Historikerinnen heute den Beginn des Prinzipats.

Augustus begründete die julisch-claudische Kaiserdynastie, zu der neben ihm auch Tiberius, Caligula, Claudius und Nero zählen. Alle vier auf Augustus folgenden julisch-claudischen Kaiser galten als für das Amt eher ungeeignet.

Im Jahr 69 nach Christus brach erneut ein Bürgerkrieg aus, aus dem Vespasian siegreich hervorging. Er begründete die flavische Dynastie, die auch das Kolosseum erbauen ließ. Nach Vespasian wurden seine Söhne Titus und Domitian Kaiser. Danach begann die Zeit der sogenannten Adoptivkaiser, die nicht ihren leiblichen Söhnen den Thron vererbten, sondern einen geeigneten Mann adoptierten. Zu den Adoptivkaisern gehörten Nerva, Trajan und Hadrian, in dessen Regierungszeit Lucius und Fabia leben, außerdem Antoninus Pius und Marc Aurel.

25

KAPITEL

Imperium sine fine – ein Reich für die Ewigkeit?

Vom Gipfel des Aventin hatten Fabia, Lucius und Senator Vitalis einen hervorragenden Blick über die ganze Stadt. Die roten Ziegeldächer, weißen Marmorsäulen und braunen Holzbalken bedeckten die hügelige Landschaft, auf der die Stadt erbaut war. Das blaue Band des Tibers wand sich durch die Stadt und am Horizont wichen die Gebäude saftig grünen Wiesen und kleinen Pinienwäldern. Weit im Westen schimmerte das Wasser des Meeres und winzig scheinende Schiffe steuerten den Hafen Ostia an. Sie kamen aus allen Ecken des Imperiums und brachten Güter und Menschen aus der ganzen bekannten Welt in die Stadt, teils von weit außerhalb der Grenzen des Imperiums. Löwen aus Afrika für die Arena, Gewürze aus dem fernen Indien im Osten, Silber aus Hispanien und Sklaven von den verregneten Klippen Britanniens.

»›**His ego nec metas rerum nec tempora pono: imperium sine fine dedi**«, zitierte Senator Vitalis nachdenklich. »›Diesen setze ich weder in Raum noch in Zeit eine Grenze: Eine Herrschaft ohne Ende habe ich ihnen verliehen.‹ Das sagt Jupiter in der Aeneis über die Römer, einem Buch, das der berühmte Dichter Vergil zur Zeit des Kaisers Augustus über die Gründung Roms geschrieben hat.

Vergil und die Aeneis

Unter der Herrschaft des Kaisers Augustus kam die Literatur in Rom zu einer besonderen Blüte. Das wohl bedeutsamste Beispiel dafür ist der Dichter Vergil, der mit der Aeneis ein Nationalepos für die Römer schrieb. Er orientierte sich dabei an den berühmten Epen Homers, der Ilias, die vom Krieg um Troja erzählt, und der Odyssee, die von den Irrfahrten des griechischen Helden Odysseus nach dem Fall Trojas berichtet. Vergil knüpft eben dort an und erzählt die Geschichte des Trojaners Aeneas, der aus dem brennenden Troja flieht und von den Göttern den Auftrag erhält, im Westen ein neues Troja zu gründen. Dieser Auftrag führte schließlich viele Generationen später zur Gründung Roms, so die Sage.

Wenn man sich die Stadt so anschaut und sich die Größe der Länder vergegenwärtigt, die sie beherrscht, so kann man wohl nicht anders, als zu glauben, dass es stimmt. ›**Imperium sine fine** – Herrschaft ohne Ende.‹ Andererseits lehrt uns die Geschichte doch etwas ganz anderes. Alles verändert sich ständig und nichts ist für immer. Die Ägypter waren einst eine stolze Kultur, haben große Bauwerke errichtet, die Pyramiden zum Beispiel. Und heute ist davon nichts geblieben. Sie leben unter der Herrschaft Roms. Wahrscheinlich haben die Menschen sich damals auch nicht vorstellen können, dass Ägypten jemals untergehen könnte.«

»Aber wer könnte Rom jemals zu Fall bringen?«, fragte Fabia.

»Genau«, stimmte Lucius ihr zu. »Niemand kann uns doch ernsthaft gefährlich werden. Mag sein, dass die Barbaren an den Grenzen des Reiches mal hier und da einen kleinen Sieg erringen. Aber sie könnten doch nie das ganze System bedrohen.«

»Wer weiß«, antwortete Senator Vitalis. »Vielleicht tritt irgendwann ein Gegner auf den Plan, der Rom ebenbürtig ist. Die Parther im Osten vielleicht. Aber vielleicht braucht es einen solchen Gegner auch gar nicht. Nicht selten beginnt Verfall im Inneren. Senator Tacitus wäre wohl der Meinung, innerhalb der Elite Roms sei der Verfall bereits im vollen Gange. Vielleicht täuscht er sich, vielleicht nicht. Wer sind wir, das zu beurteilen? So wie das Schicksal aller Menschen in den Händen der Götter liegt, so auch das Schicksal von Rom. Und wenn das Schicksal, launig wie es ist, entscheidet, dass Rom fallen soll, dann wird Rom fallen. Ob wir Menschen uns das vorstellen können oder nicht.«

Die drei blickten schweigend über die Dächer. Die Sonne versank im Meer und tauchte die Hauptstadt der Welt in einen orangenen Schein.

Roms Ende und Roms Erbe

Im dritten Jahrhundert nach Christus, also etwa hundert Jahre nach der Geschichte über Lucius und Fabia, kam das Römische Reich in eine schwere Krise, von dem es sich nie wieder ganz erholte. Die Probleme kamen maßgeblich von innen: Die verschiedenen Armeen versuchten ständig, ihre eigenen Feldherren als Kaiser durchzusetzen, der Senat verlor seine Bedeutung. Außerdem erhöhte sich der Druck auf die äußeren Grenzen des Reiches. In der sogenannten Völkerwanderung setzten sich viele germanische Stämme in Bewegung und stießen teils auch auf römisches Gebiet vor. Schließlich entschied man, das Reich in zwei Hälften zu teilen. Das Weströmische Reich ging im Jahr 476 nach Christus unter. Das Oströmische Reich mit der Hauptstadt Konstantinopel, dem heutigen Istanbul in der Türkei, bestand noch etwa weitere tausend Jahre, aber es verändere seinen Charakter so stark, dass es mit dem ursprünglichen Römischen Reich fast nichts mehr zu tun hatte.

Doch schon nach einigen hundert Jahren entdeckten mittelalterliche Herrscher den Glanz Roms wieder und versuchten, sich in seine Nachfolge zu stellen. So wurde zum Beispiel der fränkische König Karl der Große im Jahr 800 nach Christus vom Papst zum Römischen Kaiser gekrönt. Mit einer echten Wiederherstellung des Römischen Reiches hatte das zwar wenig zu tun, es zeigt aber, wie sehr die Idee von Rom über die Antike hinauswirkt. Auch in der Neuzeit war die Anziehungskraft Roms noch groß.

So knüpfte etwa Napoleon, der Kaiser der Franzosen von 1804–1814, ganz bewusst an römische Symbole an. Bis heute wirkt der Glanz Roms nach. So ist zum Beispiel das mit Abstand häufigste Tier auf den Wappen von europäischen Staaten oder zum Beispiel auch der USA der Adler – das Symbol der römischen Legionen. Auch ganz praktisch haben wir den Römern viel zu verdanken: Sie entwickelten die Wasserversorgung und Heizungen und bauten stabile Straßen. Viele moderne Sprachen stammen vom Lateinischen ab und nicht wenige wichtige Städte wurden von den Römern gegründet: In Deutschland zum Beispiel Mainz, Köln, Bonn, Xanten, Regensburg, Augsburg und Trier, international etwa London oder Wien.

Nachwort

Als ich begann, mich für die Römer zu begeistern, war ich sieben Jahre alt – wahrscheinlich jünger als du jetzt bist. Damals und in all den Jahren seitdem, in denen ich immer mehr über diese spannende Zeit lernen durfte, habe ich stets versucht, diese Begeisterung mit anderen zu teilen. Mal war das erfolgreich, oft auch nicht. Dafür, dass ich jetzt die Möglichkeit bekommen habe, dieses Buch zu schreiben, bin ich sehr dankbar. Ich hoffe sehr, dass ich dich auf den zurückliegenden Seiten auch ein wenig für die Zeit der Römer begeistern konnte.

Um uns herum finden wir überall Spuren vergangener Zeiten, in denen die Welt noch ganz anders aussah als heute. Es ist faszinierend, in diese Welten einzutauchen, denn auf der einen Seite könnten sie unterschiedlicher kaum sein und auf der anderen Seite erkennen wir doch immer wieder dieselben Muster. Der berühmte römische Redner, Philosoph und Politiker Marcus Tullius Cicero sagte einmal: »**Historia magistra vitae**« – »Die Geschichte ist die Lehrmeisterin des Lebens.« Und das stimmt. Aus der Geschichte können wir vieles lernen, darüber wer wir sind, woher wir kommen und oft auch darüber, was wir tun und was wir besser nicht tun sollten. Ein anderer kluger Mann, der deutsche Dichter Johann Wolfgang von Goethe, schrieb einst: »Man kann das Gegenwärtige nicht ohne das Vergangene erkennen.« Das ist nicht weniger wahr.

Wenn du mit diesem Buch einen kleinen Eindruck davon bekommen hast, wer die Römer waren, wie sie unser Leben bis heute prägen und warum das wichtig ist, wenn du vielleicht Lust hast, mehr über Geschichte zu erfahren – sei es über die Römer, die Ägypter, Ritter im Mittelalter, die Indianer in Amerika, die Französische Revolution, die Preußen, den Ersten oder den Zweiten Weltkrieg oder auch nur über die Geschichte deiner eigenen Familie oder des Ortes, in dem du lebst – dann habe ich alles erreicht, was ich mir mit dem Schreiben dieses Buches wünschen kann. Bleib neugierig!

Die Geschichte rund um Lucius und Fabia ist Fiktion, aber abseits dessen habe ich mich bemüht, mich strikt an historische Tatsachen zu halten. Sollte das nicht überall gelungen sein, bin ich dankbar für Hinweise per E-Mail an:

jan.kruessmann@brainbookverlag.de.

Danksagung

Mein herzlicher Dank gilt dem BrainBook Verlag für die Chance, dieses Buch schreiben zu können und für die Unterstützung während des Entstehungsprozesses. Meine Begeisterung für die Römer, aber auch Geschichte im Allgemeinen, haben von früher Kindheit an viele Menschen gefördert und unterstützt, von einigen durfte ich vieles lernen. Ihnen allen danke ich herzlich. Meiner Familie gilt besonderer Dank.

Neugierde an der Welt ist eine hohe Tugend und Kindern diese vorzuleben ein großer Verdienst. Die Person, der ich dieses Buch widmen möchte, war neugierig auf die Welt. Als sie meine Begeisterung für die Römer sah, da zögerte sie nicht, ihre Neugierde auf die Welt mit mir zu teilen und nahm mich mit nach Rom. Nicht nur dort, aber ganz besonders an diesen Tagen im Sommer das Jahres 2009, hat sie mir diesen wertvollen Dienst erwiesen, für den ich ihr immer dankbar sein werde.

Printed in Poland
by Amazon Fulfillment
Poland Sp. z o.o., Wrocław

10091194R00157